CHRISTIANE WEISSENBERGER

Das große vegetarische Gicht-Kochbuch

140 Rezepte mit Nährwert- und Harnsäureangaben

Alle wichtigen Ernährungsregeln bei Gicht

humboldt

Für Mama, durch die ich die
Liebe zum Kochen entdeckt habe!

VORWORT

Liebe Leserinnen, liebe Leser,

die Gicht ist eine Krankheit mit langer Tradition, bereits in den Schriften von Hippokrates und Paracelsus wird sie beschrieben. In früheren Zeiten wurde sie auch die „Krankheit der Könige" genannt, da sie vorwiegend Mitglieder der oberen Gesellschaftsschichten heimsuchte. Aber auch spezielle Berufsgruppen wie z. B. Metzger oder Gastwirte konnten Gicht bekommen.

Durch unseren Wohlstand tritt die Gicht mittlerweile in allen Gesellschaftsschichten auf. Vorwiegend in Ländern mit hohem Lebensstandard herrscht heutzutage fast überall ein Nahrungsüberangebot, was in Verbindung mit wenig Bewegung zu Übergewicht und sogar Fettleibigkeit führt. Dies sind die wichtigsten Risikofaktoren für einen erhöhten Harnsäurespiegel im Blut – Hyperurikämie –, aus dem die Gicht entsteht.

Daraus ergibt sich, dass bei Hyperurikämie und Gicht die Ernährungstherapie eine große Rolle spielt. Kein Patient, der unter Gicht leidet, kann ohne eine angepasste Ernährung sein Leiden effektiv behandeln! Medikamente sind bei erhöhten Harnsäurewerten nicht immer erforderlich und können eine Ernährungstherapie auch nicht ersetzen. Erfordert die Diagnose, dass Medikamente eingenommen werden müssen, kann die Dosis in der Regel verringert werden, wenn eine harnsäurearme Ernährungsweise eingehalten wird, und manchmal ist es sogar möglich, ganz auf Medikamente zu verzichten.

Dabei ist es positiv, dass die vegetarische Ernährung immer beliebter wird. Diese Ernährungsweise ist bei erhöhten Harnsäurewerten und Gicht eine gute Wahl, da sie wenig Purine liefert, die bei Gicht eine zentrale Rolle spielen: Purine werden im Körper zu Harnsäure verstoffwechselt und ein hoher Harnsäurespiegel führt zum Gichtanfall. Aus diesem Grund finden Sie in diesem Buch ausschließlich vegetarische Rezepte. Von Frühstücksvariationen über Suppen, Salate und Hauptgerichte bis hin zu Mitbringseln aus der Küche – lassen Sie sich von rund 140 abwechslungsreichen, leckeren und kreativen Rezepten inspirieren. Die Rezepte sind familientauglich, es ist für jeden etwas dabei.

Allen Rezepten ist gemeinsam, dass sie wenig Purin enthalten, dass sie also den Harnsäurespiegel nicht in die Höhe treiben. Einige Rezepte sind als streng purinarm gekennzeichnet – sie eignen sich vor allem nach Tagen, an denen Sie über die Stränge geschlagen haben, oder während eines akuten Gichtanfalls.

Lecker essen und gleichzeitig die Gicht bekämpfen bzw. die Harnsäure senken – unter diesem Motto steht mein Kochbuch. Mein besonderer Dank geht an meinen Chef, Dr. med. Josef Zimmermann, der den Theorieteil kritisch durchgesehen hat.

Ich wünsche Ihnen viel Freude beim Kochen und Genießen!

Ihre

Staatlich anerkannte Diätassistentin/Diabetesassistentin DDG
Staatlich geprüfte Hauswirtschafterin

Hyperurikämie und Gicht – das müssen Sie wissen

Podagra oder Zipperlein – alte Bezeichnungen für die Gicht beschreiben ihre typischen Symptome. Das aus dem Griechischen stammende „Podagra" kann mit „Fußfessel" übersetzt werden und bezieht sich auf den schmerzhaften Befall des Großzehengrundgelenks, der das Laufen erschwert. Auch das „Zipperlein", abgeleitet vom mittelhochdeutschen Begriff „zipfen" für „trippeln", beschreibt den Gang eines an Gicht Erkrankten, der unter starken Schmerzen im großen Zeh leidet.

Wie entsteht Gicht?

Gicht ist eine Folge von erhöhten Harnsäurewerten im Blut, der Hyperurikämie. Befindet sich zu viel Harnsäure im Blut, kann dies zur Bildung von Harnsäurekristallen führen, die sich an Gelenken, in Nieren und in Harnwegen ablagern. Diese spitzen Kristalle machen sich lange nicht bemerkbar, doch ab einem bestimmten Punkt reizen sie das Gewebe und können Entzündungen und Schmerzen verursachen.

Harnsäure entsteht beim Menschen als Abbauprodukt der Purine, die natürlicherweise in unserer Nahrung vorkommen. Sie sind Bausteine der DNA im Zellkern und somit in fast allen tierischen und pflanzlichen Lebensmitteln in unterschiedlichen Mengen vorhanden. Tierische Nahrungsmittel enthalten aufgrund ihrer höheren Erbsubstanz mehr Purine als pflanzliche Nahrungsmittel. Deshalb kann ein hoher Fleischkonsum zu Gichtanfällen führen. Wird zusätzlich Alkohol getrunken, ist die Harnsäureausscheidung an den Nieren verzögert, was den Anstieg des Harnsäurespiegels fördert. Bei massiven Harnsäureablagerungen in der Niere kann es sogar zu einer Nierenfunktionsstörung (Niereninsuffizienz) mit Wassereinlagerungen im ganzen Körper kommen.

Nicht umsonst wurde die Gicht in früheren Zeiten die „Krankheit der Könige" genannt, denn nur Wohlhabende hatten regelmäßig Fleisch auf dem Teller. Während des Krieges traten Gichterkrankungen äußerst selten auf, da Lebens- und Genussmittel wie Fleisch und Alkohol knapp waren.

Bei Gicht und Hyperurikämie handelt sich also um typische Wohlstandskrankheiten, die vor allem eine Folge des Genusses von reichlich tierischen Lebensmitteln und Alkohol sind. Daher ist die Umstellung der Ernährung das A und O der Behandlung. Es bringt nichts, einfach nur Medikamente zu nehmen, ohne auf die Ernährung zu achten. Aber die gute Nachricht lautet: Eine angepasste Ernährungsweise ermöglicht manchmal sogar, dass auf Dauer auf Medikamente verzichtet werden kann.

Welche Harnsäurewerte sind normal?

Überschüssige Harnsäure wird zu 80 Prozent über die Nieren und den Harn ausgeschieden, der Rest über den Darm. Dafür muss sich die Harnsäure allerdings in einer löslichen Form befinden. Diese ist gegeben bei einem Wert von bis zu 6,5 Milligramm pro Deziliter im Blut. Bei höheren Werten beginnt die Harnsäure im Blut zu kristallisieren und es können spitze, scharfkantige

Harnsäurekristalle entstehen, die sich in Gelenken und Geweben ablagern. Bei einem Harnsäurespiegel von über 6,5 Milligramm pro Deziliter spricht man von Hyperurikämie, also von zu viel Harnsäure im Blut.

Formen der Gicht

Primäre Form

Am häufigsten ist die primäre Form der Gicht, bei der ein angeborener Stoffwechseldefekt Ursache für den erhöhten Harnsäurespiegel ist. Fast immer scheiden die Nieren weniger Harnsäure aus, als nötig wäre. Ein vermehrter Fleischkonsum und/oder erhöhter Alkoholkonsum wirkt sich zusätzlich negativ aus. In seltenen Fällen ist ein Enzymdefekt an einer zu hohen Harnsäureproduktion des Körpers schuld.

Sekundäre Form

Hyperurikämie bzw. Gicht kann auch durch andere Krankheiten oder Störungen ausgelöst werden, was sehr viel seltener vorkommt. Diese kann entstehen, wenn aufgrund einer Krankheit entweder durch Zellzerfall zu viele Purine ins Blut abgegeben werden oder die Ausscheidung der Harnsäure über die Nieren behindert wird. Ursachen für eine sekundäre Gicht können sein:

- Leukämie oder andere Blutkrankheiten
- Vermehrte Strahlenbelastung oder die Einnahme von Zellgiften, z. B. während einer Chemotherapie
- Nierenerkrankungen
- Alkoholmissbrauch
- Erhöhter Milchsäurespiegel im Blut

Der Gichtanfall

Typischerweise werden Männer zwischen dem 45. bis 60. Lebensjahr von ihrem ersten Gichtanfall heimgesucht. Frauen hingegen sind durch das Hormon Östrogen bis zu ihrem 65. Geburtstag gut vor dem Ausbruch der Gicht geschützt.

Hyperurikämie und Gicht gehören zu den Krankheiten, die von den Betroffenen oft lange Zeit nicht bemerkt werden – der erste Gichtanfall tritt tückischerweise fast immer ohne Vorwarnung auf, bei scheinbar völlig gesunden Menschen. Häufig passiert es nach einer üppigen Mahlzeit mit reichlich Alkohol, z. B. nach einem Grillfest mit viel Bier. Die purinreichen Speisen und Getränke lassen den schon über längere Zeit zu hohen Harnsäurespiegel des Blutes noch weiter steigen. Es reichern sich mehr scharfkantige Harnsäurekristalle an und diese reizen das betroffene Gelenk, bis es sich stark entzündet. Die heftige Schmerzattacke kommt ganz plötzlich, meistens nachts oder in den frühen Morgenstunden.

Typischerweise ist das kranke Gelenk extrem berührungsempfindlich und jede Bewegung schmerzt. Es ist außerdem teigig geschwollen, gerötet oder bläulich verfärbt und heiß. Der Gichtanfall wird oft auch von Fieber begleitet. Ohne Behandlung kann dieser Zustand mehrere Stunden oder sogar Tage andauern, die Attacken können sich wiederholen, sie können in immer kürzeren Abständen auftreten und jeweils länger anhalten. Nach vielen Attacken, wenn man sich der chronischen Gicht nähert, verschwinden die Schmerzen auch nach dem Anfall nicht mehr ganz.

Hilfen während und nach dem Gichtanfall

Trinken, trinken, trinken!

2,5 Liter Flüssigkeit sind nötig, um die Harnsäurekonzentration im Urin zu verringern. Natürlich sollten Sie keinen Alkohol und auch keine Limonade trinken. Besonders empfehlenswert sind:

- Mineralwasser
- Dünne Saftschorlen (1/3 Saft und 2/3 Mineralwasser)
- Kräuter- oder Früchtetee
- Malzkaffee

Streng purinarm essen

Essen Sie während des akuten Gichtanfalls streng purinarm, das bedeutet: maximal 300 Milligramm Harnsäure am Tag (etwa 120 Milligramm Purine). Im Rezeptteil finden Sie viele Rezepte, die mit „streng purinarm" markiert und hierfür besonders gut geeignet sind.

Hochlagern

Lagern Sie das betroffene Gelenk hoch. Legen Sie kühlende Umschläge an, wenn es Ihnen angenehm ist. Decken halten Sie von dem empfindlichen Gelenk fern.

Machen Sie sich klar, dass die Behandlung der Gicht eine Dauertherapie ist. Das bedeutet: Nehmen Sie verschriebene Medikamente konsequent ein, folgen Sie den Empfehlungen Ihres Arztes und stellen Sie dauerhaft Ihre Ernährung um – dann haben Sie eine gute Chance auf ein schmerzfreies Leben.

Wo lagern sich Harnsäurekristalle am häufigsten ab?

Gelenkgicht

Die Gicht dehnt sich häufig auf mehrere Gelenke aus. Harnsäurekristalle lagern sich in den Gelenken ab und schädigen dadurch Knorpel und Knochen. Diese Gelenkschäden machen sich durch Schmerzen bei Bewegung bemerkbar. Im späteren Verlauf können auch Verformungen auftreten, z. B. die typischen Gichtfinger.

Weichteilgicht

Die Harnsäurekristalle lagern sich unter der Haut ab, z. B. am Ohrknorpel oder über betroffenen Gelenken an Händen, Ellbogen und Füßen, sowie über den Sehnenscheiden und Schleimbeuteln. Mit der Zeit können sichtbare Gichtknötchen entstehen, sogenannte Tophi.

Nierengicht

Die Harnsäurekristalle lagern sich in den Nieren ab und bilden Nierengrieß und Nierensteine. Deutlich seltener als in den Nieren kann es zu Ablagerungen von Harnsäurekristallen auch in anderen Organen wie z. B. dem Herzen oder dem Darm kommen.

Medikamente bei Gicht

Um die Gicht erfolgreich zu behandeln, muss der Harnsäurespiegel dauerhaft gesenkt werden. Auf diese Weise können schädigende Ablagerungen von Harnsäurekristallen an Gelenken oder Organen verhindert werden.

Liegt ein akuter Gichtanfall vor, verschreibt der Arzt häufig Colchicin, das aus dem Samen der Herbstzeitlose gewonnen wird. Dieses Medikament ist bis heute das Mittel der Wahl. Weiterhin kommen bestimmte entzündungshemmende, kortisonfreie Antirheumatika und auch Kortisonpräperate als Tabletten oder als Spritze in das betroffene Gelenk zum Einsatz.

Nach der Akutphase zielt die Dauerbehandlung der Gicht darauf ab, den Harnsäu-

respiegel zu normalisieren und stabil zu halten. Desweitern sollen weitere Gichtanfälle verhindert und das Fortschreiten der Krankheit eingedämmt werden.
Folgende Mittel stehen zur Verfügung:

- Xanthinoxidashemmer unterdrücken die Bildung von Harnsäure (sogenannte Urikostatica) und damit die Bildung von Harnsäurekristallen. Zu ihnen gehört der Klassiker Allopurinol sowie das neuere und effektivere Präparat Febuxoxtat.
- Benzbromaron oder Sulfinpyrazon fördern die Ausscheidung von Harnsäure und werden Urikosurika genannt.

Die Dosierung und gegebenenfalls die Kombination der Präparate legt der behandelnde Arzt anhand der Harnsäurewerte und der Nierenfunktion des Patienten fest. Die optimale Behandlung ist abhängig von der konsequenten Einnahme der verordneten Medikamente. Zudem ist es wichtig, die Medikation nicht eigenmächtig abzusetzen. Halten Sie stets Rücksprache mit Ihrem Arzt!

Richtig essen und trinken bei Hyperurikämie und Gicht

Eine purinarme, vegetarische Ernährung, wie sie in diesem Kochbuch vorgestellt wird, ist die Grundlage der Therapie von Hyperurikämie und Gicht. Der Verzehr pflanzlicher Purine ist offenbar unbedenklicher als der Konsum von Purinen tierischen Ursprungs: Studien haben ergeben, dass Menschen, die sich vegetarisch ernähren, ein deutlich geringeres Risiko haben, an Gicht zu erkranken. Obwohl sie auch purinreiche Hülsenfrüchte und Gemüse essen, scheinen die pflanzlichen Inhaltsstoffe Schutzeffekte aufzuweisen, welche die Harnsäureproduktion und die Entzündungen im Körper hemmen. So tragen Antioxidantien wie Vitamin C dazu bei, Entzündungen zu lindern.

Ohnehin sind die meisten pflanzlichen Lebensmittel purinfrei oder purinarm. Mit viel Gemüse, Obst, Blattsalaten und Getreideprodukten auf dem Teller können Sie also nichts falsch machen. Auch Milch, Milchprodukte, Eier und Getreideprodukte zählen zu den purinfreien oder purinarmen Lebensmitteln. Hier dürfen Sie zugreifen.

In den Rezepten dieses Kochbuchs finden Sie also weder Fleisch noch Wurstwaren noch Fisch. Sie können sich nicht vorstellen, ganz darauf zu verzichten? Dann dürfen Sie sich kleine Mengen davon gönnen: pro Tag maximal 100 Gramm.

Achten Sie auf Ihren Körper, probieren Sie aus, wie es Ihnen mit den verschiedenen Nahrungsmitteln geht. Wenn Sie zu viele harnsäurereiche tierische Produkte zu sich nehmen, sind die empfohlenen Grenzwerte (siehe Kasten) schnell erreicht.

Harnsäurespiegel im Griff

Bei einer purinarmen Ernährung sollten Sie täglich nicht mehr als 500 Milligramm Harnsäure, zu sich nehmen, das entspricht rund 200 Milligramm Purinen.

Bei einem akuten Gichtanfall liegt der Grenzwert bei maximal 300 Milligramm Harnsäure pro Tag, das entspricht etwa 120 Milligramm Purinen.

Welche Lebensmittel sind bei Hyperurikämie und Gicht geeignet?

Es gibt einige Lebensmittel, die reichlich Purine enthalten und daher natürlich nicht empfehlenswert sind. Viele Lebensmittel enthalten zwar Purine, aber nicht in den Mengen, dass Sie diese Nahrungsmittel komplett meiden müssen. Sie dürfen sie in Maßen genießen. Schließlich liefern unzählige Lebensmittel wenig oder gar keine Purine und sind daher bei Hyperurikämie und Gicht gut geeignet.

In der nachfolgenden Tabelle können Sie ablesen, welche Lebensmittel Sie bedenkenlos und welche Sie in Maßen essen dürfen und welche Sie besser meiden sollten.

GUT GEEIGNETE LEBENSMITTEL – PURINFREI ODER EXTREM PURINARM	ANMERKUNGEN
Wasser, Mineralwasser schwarzer Tee, Kräuter- und Früchtetee Kaffee (mit und ohne Koffein), Malzkaffee, Kakao, Obst- und Gemüsesäfte, Limonade und Colagetränke	Ungeeignet sind Süßgetränke, die mit Fruchtzucker gesüßt sind.
Weiß- und Rotwein sowie Sekt	Bis zu einem Glas (150 ml) und nicht täglich
Milch (jede Fettstufe), Kondensmilch, saure Sahne, süße Sahne	Bei Übergewicht: Fettgehalt der Milch nicht mehr als 1,5 %, süße Sahne ungeeignet
Buttermilch, Dickmilch, Kefir, Molke Quark, Frischkäse, Hüttenkäse, Harzer Käse, Schnittkäse (alle Sorten), Weichkäse (Camembert, Brie), Edelschimmelkäse (Gorgonzola)	Bei Übergewicht: Magerquark, Fettgehalt von Käse bis 30 % Fett i. Tr. Besonders geeignet: Hüttenkäse, magerer Limburger und Harzer Käse
Eier	Bei Übergewicht: Achten Sie bitte auf eine fettarme Zubereitung.
Butter, Margarine, Halbfettprodukte, Diätmargarine, Schmalz und Öl	Bei Übergewicht: Halbfette verwenden Bei erhöhtem Cholesterinspiegel: Diätmargarine als Streichfett verwenden, hochwertige Pflanzenöle als Kochfett verwenden
Obst	
Nüsse	Bei Übergewicht: Menge beachten
Zucker und Zuckerwaren, Konfitüre und Marmelade	Bei Diabetes: Nicht geeignet Nur mit Zuckeraustauschstoffen und Süßstoffen süßen, Ausnahme: Fruchtzucker (Fruktose)
Honig	Bei Diabetes: Nicht geeignet
Kartoffeln	Bei Übergewicht und erhöhtem Cholesterinspiegel: Fettarme Zubereitungsmethoden wählen

GUT GEEIGNETE LEBENSMITTEL – PURINFREI ODER EXTREM PURINARM	ANMERKUNGEN
Grieß, Stärke, Sago, Puddingpulver, Mehl	
Nudeln, Reis	
Gemüsebrühe, Salz, Gewürze	Verwenden Sie fluoridiertes Jodsalz mit Folsäure
Gemüse, Salate und Pilze	Trotz eines teilweise hohen Puringehalts wirken pflanzliche Lebensmittel nicht so belastend auf den Harnsäurestoffwechsel des Körpers und sind daher geeignet

IN MAßEN GEEIGNET – MITTLERER PURINGEHALT	ANMERKUNGEN
Fleisch, Wurst, Schinken und Fleischwaren	Insgesamt maximal 100 g am Tag, bei einer streng purinarmen Kost allerdings ungeeignet
Fisch und Fischwaren	Fisch ohne Haut enthält weniger Purine
Hülsenfrüchte	Trotz des relativ hohen Gehalts geeignet, wenn nicht zusätzlich Fleisch, Fleischwaren oder Würstchen gegessen werden
Brot, Brötchen	Obwohl pflanzliche Lebensmittel wie Vollkornbrot bzw. Vollkornbrötchen durch die Verwendung von Hefe einen relativ hohen Puringehalt aufweisen, wirken sie nicht so belastend auf den Harnsäurestoffwechsel des Körpers und sind daher geeignet
Sonnenblumenkerne, Sesam, Erdnüsse	Bei Übergewicht: Fettgehalt beachten

NICHT GEEIGNET – PURINREICH!	ANMERKUNGEN
Innereien, Knochenmark	Meiden
Fleischbrühe, Fleischextrakt, Bäcker- und Bierhefe, Sojabohnen	Meiden
Kleinfische: Sprotten, Anchovis, Sardellen und Ölsardinen	Meiden
Haut von Fisch und Geflügel	Meiden
Alkohol	Hemmt die Harnsäureausscheidung und ist daher ungeeignet
Bier	Hemmt die Harnsäureausscheidung und liefert zusätzlich Purine, ist daher ungeeignet

Das richtige Gewicht

Übergewicht führt zu einer verstärkten Bildung von Harnsäure und verringert gleichzeitig die Ausscheidung von Harnsäure über die Nieren. Mit jedem Kilo Übergewicht wächst die Wahrscheinlichkeit, sich über kurz oder lang einen Gichtanfall einzuhandeln. Im Vergleich zu normalgewichtigen Männern wurde bei übergewichtigen Männern (BMI von 25 bis 30) doppelt so häufig und bei Männern mit einem BMI über 35 dreimal so häufig Gicht neu diagnostiziert. Haben Mitglieder Ihrer Familie Gicht und sind Sie übergewichtig, ist Ihr Risiko, auch an Gicht zu erkranken, deutlich erhöht.

Umgekehrt hat Abnehmen zur Folge, dass der Harnsäurespiegel im Blut sinkt. Wenn Sie an Gicht erkrankt sind und zu viel Gewicht mit sich herumtragen, sind Sie also gut beraten, zusätzlich zur medikamentösen Behandlung und zum weitgehenden Verzicht auf Alkohol auch den überflüssigen Kilos den Kampf anzusagen. Wenn es Ihnen gelingt, abzunehmen, dürfen Sie auf eine Zukunft ohne Gicht hoffen.

Berechnung des BMI

Zur Beurteilung von Normal- und Übergewicht wird der Body-Mass-Index (BMI) eingesetzt. Er setzt das Gewicht ins Verhältnis zur Körpergröße und wird von der WHO als Richtwert anerkannt. Die Formel für den BMI lautet:

$$\frac{\text{Gewicht (kg)}}{(\text{Körpergröße in m})^2} = \text{BMI}$$

Beispiel: Bei einem Körpergewicht von 108 Kilogramm und einer Körpergröße von 1,85 Metern ergibt sich ein BMI von 31,5.

BMI-Tabelle der WHO

KATEGORIE	BMI
Untergewicht	< 18,5
Normalgewicht	18,5–24,9
Übergewicht	25–29,9
Adipositas Grad 1	30–34,9
Adipositas Grad 2	35–39,9
Adipositas Grad 3	> 40

Der BMI ist durchaus auch kritisch zu sehen. Er unterscheidet nicht zwischen Männern und Frauen und berücksichtigt nicht den Körperbau und die Muskelmasse. So haben durchtrainierte, muskulöse Sportler oft einen zu hohen BMI, der aus dem Gewicht der Muskelmasse resultiert. Auch wird nicht bedacht, dass ein im Alter etwas höherer BMI mit einer geringeren Sterblichkeit einhergeht. So gilt beispielsweise für einen 57-Jährigen ein BMI von 27 noch als gesund. Dennoch ist ein BMI über 30 nicht zu ignorieren. Klar ist: Übergewicht belastet das Herz-Kreislauf-System und die Gelenke, das Risiko für Stoffwechselstörungen, Herz-Kreislauf-Erkrankungen und Gelenkbeschwerden steigt. Jedes Kilo weniger erhöht die Lebensqualität.

Abnehmen bei Hyperurikämie und Gicht

Wenn Sie übergewichtig sind, haben Sie möglicherweise schon einige Abnehmversuche hinter sich. Denn wie jeder weiß, ist das Vorhaben, ein paar Kilos loszuwerden, leichter gefasst als umgesetzt. Was auf keinen Fall hilft, sind Crash- oder Nulldiäten. Zum einen nehmen Sie mit solchen Diäten nicht dauerhaft ab, da Sie nach ihrem Ende wieder normal essen und so Ihr altes Gewicht schnell wieder erreichen. Aber vor allem für Gichtpatienten sind diese Diäten sogar schädlich. Denn Crash- oder Nulldiäten führen durch den Abbau von Körperzellen zu einer erhöhten Freisetzung von Purinen und zum starken Anstieg des Harnsäurespiegels im Blut, sodass ein Gichtanfall die Folge sein kann.

Bessere Erfolgsaussichten haben Ernährungsformen, die dazu führen, dass Sie langsam, aber stetig Ihr Gewicht reduzieren. Ein gutes Maß ist etwa ein halbes Kilo pro Woche. Damit verbunden ist in der Regel eine Umstellung der Lebensmittelauswahl, die Sie langfristig beibehalten, wodurch Sie das erreichte Wunschgewicht halten. Wie das funktioniert, erfahren Sie auf den nachfolgenden Seiten.

Erfahrungsgemäß sind nicht alle Empfehlungen für jeden Betroffenen gleich gut umzusetzen. Picken Sie sich aus den Tipps und Vorschlägen die heraus, die für Sie passen und realisierbar sind. Nehmen Sie sich auch nicht zu viel vor, machen Sie kleine Schritte auf Ihrem Weg zum Ziel. Lassen Sie sich von Rückschlägen nicht ermutigen, haben Sie Geduld mit sich und Ihrem Körper – Rom wurde schließlich auch nicht an einem Tag erbaut.

So gelingt das Abnehmen

- Holen Sie sich Unterstützung, fragen Sie bei Ihrer Krankenkasse nach Programmen bzw. Kursen zur Gewichtsreduktion. Viele Kassen bieten eigene Kurse an oder übernehmen die Kosten von Drittanbietern ganz oder zu einem großen Teil. Achten Sie bei der Auswahl auf einen seriösen Anbieter, der eine gesunde und langsame Gewichtsabnahme zu einem angemessenen Preis anbietet.
- Überlegen Sie sich, ob Ihnen eine App für das Smartphone mit Kalorien- und/oder Schrittzähler helfen könnte. Vielleicht hilft Ihnen auch ein Fitness-Tracker (wie z. B. Fitbit oder Tchibo Xiaomi) dabei, die nötige Motivation zu regelmäßiger Bewegung aufzubringen.
- Viele Fitnessstudios und Sportvereine bieten die unterschiedlichsten Kurse an, hier kann jeder etwas für sich finden. Das ist auch eine gute Möglichkeit, einfach mal eine Sportart auszuprobieren. Erkundigen Sie sich nach Angeboten in Ihrer Gegend und finden Sie eine Bewegungsart, die Ihnen Spaß macht.
- Fragen Sie im Freundes- und Bekanntenkreis nach Gleichgesinnten, tun Sie sich mit anderen zusammen. Gemeinsam ein Ziel zu verfolgen, macht mehr Spaß und

man spornt sich gegenseitig an. Sie können sich zum Sport verabreden, über Erfolge und Misserfolge austauschen, gemeinsam kochen … das hilft Ihnen, am Ball zu bleiben.

- Wiegen Sie sich regelmäßig – jedoch nicht täglich. Die wöchentliche Gewichtskontrolle ist besser als die tägliche. Die kleinen und oft nicht zu erklärenden Gewichtsschwankungen von einem Tag auf den anderen sind uninteressant. Sie schauen einmal in der Woche nach, wie sich Ihr Gewicht verändert hat.
- Gehen Sie die Ernährungsumstellung langsam an. Beginnen Sie mit den Änderungen, die umzusetzen Ihnen nicht allzu schwerfällt. So haben Sie nicht das Gefühl, auf etwas zu verzichten. Ab Seite 20 finden Sie viele Tipps zu einer alltäglichen gesunden Ernährung, die Ihnen dabei hilft, abzunehmen und Ihren Harnsäurespiegel im Griff zu behalten. Lassen Sie sich anregen! Vielleicht entdecken Sie z. B. verschiedene Frischkäsesorten neu als leckeren Brotbelag und lassen dafür die Salami und die Leberwurst weg.
- Das Führen eines Ernährungsprotokolls gibt Ihnen einen guten Überblick über Ihre Ess- und Trinkgewohnheiten. Wenn Sie sich professionell beraten lassen, kann das Ernährungstagebuch zudem Ihren Beratern dabei helfen, den für Sie optimalen Tagesplan zu erstellen.
- Machen Sie sich die konfuzianische Anweisung „Hara hachi bun me" zu eigen. Sie bedeutet: Iss nur so viel, bis dein Magen zu 80 Prozent gefüllt ist. Anders ausgedrückt: Halten Sie Maß.

Gelingt es Ihnen, Ihr Gewicht dauerhaft zu senken, kommt das Ihrem Harnsäurespiegel zugute. Sie dämmen die Gicht ein bzw. beugen Gichtanfällen vor und können – in Absprache mit Ihrem Arzt – die Dosierung Ihrer Gichtmedikamente oft reduzieren. Es lohnt sich also, gegen zu viele Kilos auf der Waage anzugehen, auch wenn der innere Schweinehund oft sehr hartnäckig ist. Lassen Sie sich von eventuellen Rückschlägen nicht entmutigen und bleiben Sie am Ball! Sie schaffen das!

Nährstoffe in der purinarmen Ernährung

Eiweiß

Das Wort „Protein" kommt aus dem Griechischen und bedeutet so viel wie „das Erste, das Wichtigste". Das spiegelt den Stellenwert dieses Nährstoffes sehr gut wider, denn ohne Eiweiß funktioniert kein Leben. 1 Gramm Eiweiß liefert 4 Kilokalorien Energie.

Unser Körper benötigt Eiweiß als Baustein für neue Zellen (z. B. Muskelzellen) und zur Produktion vieler körpereigener Hormone (z. B. Insulin) und Enzyme (z. B. Verdauungsenzyme). Wenn Eiweiß fehlt, nehmen die Abwehrkräfte sowie die körperliche und geistige Leistungsfähigkeit rapide ab.

Eiweiß aus tierischen Lebensmitteln ist für unseren Körper zwar leichter verdaulich als pflanzliches Eiweiß. Jedoch liegt die tägliche Eiweißzufuhr der Deutschen mit 100 Gramm pro Tag deutlich über den Empfehlungen der Deutschen Gesellschaft für Ernährung. Diese lautet für Gesunde sowie für Menschen mit Hyperurikämie und Gicht: 15 Energieprozent Eiweiß sollten pro Tag gegessen werden. Das entspricht maximal 1 Gramm Eiweiß pro Kilogramm Körpergewicht.

Eine hohe Eiweißzufuhr ist bei Gicht insbesondere dann problematisch, wenn die Lebensmittel auch noch viele Purine enthalten, wie es bei tierischen Produkten der Fall ist. Vielleicht fällt es Ihnen schwer, ganz auf Fleisch, Wurstwaren oder Fisch zu verzichten. Dann sollten Sie den Konsum zumindest reduzieren und diese Lebensmittel nur in Maßen genießen. Und achten Sie darauf, dass die anderen Mahlzeiten entsprechend zusammengestellt sind.

Grundsätzlich gilt: Mit einer vegetarischen Ernährung können Sie Ihren Eiweißbedarf purinarm decken.

Eiweißreiche, aber purinarme Lebensmittel – bei Hyperurikämie und Gicht gut geeignet	**Eiweiß- und purinreiche Lebensmittel – bei Hyperurikämie und Gicht nicht geeignet**
Milch	Fleisch
Käse	Wurstwaren
Sauermilchprodukte wie Joghurt	Innereien
Quark	Geflügel
Eier	Fisch

Fett

Fette werden unterschieden in gesättigte Fettsäuren sowie einfach und mehrfach ungesättigte Fettsäuren. Unser Körper benötigt alle Fettarten in unterschiedlichen Mengen. Für unseren Körper ist Fett ein wichtiger Energielieferant. Allerdings liefert 1 Gramm Fett mit 9 Kilokalorien mehr als doppelt so viel Energie wie Eiweiß und Kohlenhydrate.

Unser täglicher Speiseplan sollte nicht mehr als 70 bis 80 Gramm Fett enthalten. Diese Gesamtmenge ist je nach Essgewohnheiten schnell erreicht, so verzehren auch in Deutschland viele Menschen pro Tag mehr als das Doppelte an Fett: durchschnittlich rund 140 Gramm. Das ist deutlich zu viel.

Die Empfehlungen für die Fettzufuhr lauten für Gesunde sowie für Patienten mit Hyperurikämie und Gicht: 35 Energieprozent Fett pro Tag. Das entspricht rund 1 Gramm Fett pro Kilogramm Körpergewicht. Patienten, die nicht nur einen erhöhten Harnsäurespiegel haben, sondern auch übergewichtig bzw. adipös sind, sollten die Fettzufuhr noch weiter senken, um ihr Körpergewicht langsam zu reduzieren.

Gesättigte Fette finden sich reichlich in tierischen Lebensmitteln mit hohem Fettgehalt, beispielsweise in fettem Käse, fetter Wurst, fettem Fleisch oder fetter Milch und Milchprodukten. Transfettsäuren entstehen bei der Fetthärtung oder in stark erhitzten Fetten. Sie können Transfettsäuren reduzieren, wenn Sie auf Lebensmittel verzichten, welche den Packungsaufdruck „enthält gehärtete Fette“ tragen.

Pflanzliche Fette sind fast immer gesundheitlich günstiger einzustufen als tierische. Bei zu hohen Cholesterinwerten ist als Streichfett dünn gestrichene Diäthalbfettmargarine zu empfehlen.

Zum Kochen und Braten ist gut erhitzbares Pflanzenöl ideal, z. B. Soja-, Raps- oder Sonnenblumenöl. Behalten Sie jedoch auch hierbei die Menge im Blick. Ein guter Tipp ist: Legen Sie sich zum Abmessen des Öls einen Teelöffel neben den Herd.

Für Salatdressings sind kaltgepresste Olivenöle, Walnussöl oder Traubenkernöl hervorragend geeignet. Machen Sie es sich auch hier zur Gewohnheit, die Menge mit dem Löffel abzumessen.

Die Nährstoffe auf Ihrem Teller

Über den Tag verteilt nehmen Sie eine bestimmte Menge an Kalorien, also an Energie auf. Diese bestehen in erster Linie aus den beschriebenen Nährstoffen. Für eine ausgewogene Ernährung sollten diese Nährstoffe in einem günstigen Verhältnis zueinander stehen. Das heißt, von der Gesamtenergiemenge am Tag sollten

- 50–60 Prozent aus Kohlenhydraten,
- 15 Prozent aus Eiweiß und
- 30 Prozent aus Fett stammen.

Kohlenhydrate

Die Kohlenhydrate zählen zusammen mit Eiweiß und Fett zu den Hauptnährstoffen. 1 Gramm Kohlenhydrate liefert 4 Kilokalorien. Kohlenhydrate sind der schnelle Energielieferant für die Muskeln unseres Körpers, sie sind in Getreide, Brot, Kartoffeln, Obst, Gemüse, Hülsenfrüchten und Salaten enthalten, allerdings auch in Süßigkeiten, Säften, Limonaden, Honig, Kuchen, Keksen, Eis und Schokolade.

Kohlenhydrate werden in Einfachzucker, Doppelzucker und Vielfachzucker unterteilt. Zu den Einfachzuckern gehören Traubenzucker (Glukose), Fruchtzucker (Fruktose) und Schleimzucker (Galaktose). Zu den Doppelzuckern zählen z. B. Haushaltszucker und Milchzucker (Laktose), zu den Vielfachzuckern gehört Stärke.

Bei Menschen mit Hyperurikämie oder Gicht sollte der größte Teil der Kohlenhydrate aus der Gruppe der komplexen Kohlenhydrate stammen. Das bedeutet, dass Sie bei Kartoffeln, Getreideprodukten, Gemüse, Salaten, Hülsenfrüchte und Obst zugreifen dürfen. Diese Nahrungsmittel liefern reichlich gesunde Kohlenhydrate und Ballaststoffe, außerdem Vitamine und Mineralstoffe, jedoch wenig Energie in Form von Kilokalorien.

Ballaststoffe

Obwohl Ballaststoffe der Gruppe der Kohlenhydrate zugeordnet sind, enthalten sie weder Kalorien, noch erhöhen sie die Harnsäurekonzentration im Blut. Früher dachte man, Ballaststoffe seien unnötiger Ballast, weil sie unverdaut wieder ausgeschieden werden. Heute weiß man, dass sie viele wichtige Funktionen im menschlichen Verdauungsapparat übernehmen. Ballaststoffe quellen im Dickdarm auf und beschleunigen dadurch die Darmpassage. Dadurch beugen sie Verstopfung, Darmerkrankungen und sogar Krebs vor. Eine ballaststoffreiche Ernährung sorgt für einer lang anhaltende Sättigung und ist auch in der Lage, erhöhte Blutfettwerte zu senken.

Gute Ballaststofflieferanten sind Vollkornprodukte (Brot, Nudeln, Reis), Müsli, Kleie, Leinsamen, Gemüse, Kartoffeln und Obst. Wenn Sie nun mehr Ballaststoffe zu sich nehmen, müssen Sie unbedingt darauf achten, ausreichend zu trinken, da Ballaststoffe reichlich Flüssigkeit zum Quellen benötigen. Die tägliche Trinkmenge sollte mindestens 1,5 bis 2 Liter Flüssigkeit betragen.

Fruchtzucker (Fruktose)
wird häufig als Süßungsmittel in Softdrinks und Multivitaminsäften eingesetzt. Seine Süßkraft ist höher und die Produktionskosten sind geringer als bei normalem Haushaltszucker.

Doch der vermeintlich gesündere, weil „natürliche" Fruchtzucker ist mit Vorsicht zu genießen. Seit einigen Jahren ist bekannt, dass Fruchtzucker einen direkten Effekt auf die Harnsäure und damit auf die Entstehung der Gicht hat. Bereits wenige Minuten nach dem Konsum fruktosehaltiger Getränke steigt die Harnsäurekonzentration im Blut und Urin an. Ursache dafür ist der Fruchtzuckerstoffwechsel im Körper, der – stark vereinfacht ausgedrückt – zur Steigerung der körpereigenen Purinbildung führt. Ähnlich wie Alkohol hemmt der Fruchtzucker zusätzlich die Harnsäureausscheidung über die Nieren. Besonders ausgeprägt ist dieser Effekt bei Menschen, deren Harnsäurespiegel bereits erhöht ist.

Auf Obst und Obstsäfte müssen Gichtpatienten trotzdem nicht verzichten, denn Obst hat auch viele positive Effekte – es sollten jedoch nicht mehr als zwei Portionen am Tag sein. Aber bereits ein fruchtzuckerhaltiges Süßgetränk pro Tag erhöht bei einem gesunden Menschen das Gichtrisiko um 45 Prozent. Daher sollten Patienten mit Hyperurikämie unbedingt fruchtzuckerhaltige Süßgetränke meiden!

Vitamine und Mineralstoffe

Mikronährstoffe spielen eine große Rolle in unserem Körper. Vitamine liefern zwar keine Energie, sind jedoch für den Stoffwechsel enorm wichtig, indem sie die Verwertung von Kohlenhydraten, Eiweißen und Mineralstoffen regulieren. Vitamine stärken unser Immunsystem und sind unverzichtbar beim Aufbau von Zellen, Blutkörperchen, Knochen und Zähnen. Auch Mineralstoffe liefern keine Energie, sind jedoch für viele Funktionen im Körper unentbehrlich. Die bekanntesten Mineralstoffe sind Kalzium, Magnesium und Eisen.

Bei einer abwechslungsreichen, ausgewogenen vegetarischen Ernährung ist der Bedarf an allen wichtigen Vitaminen und Mineralstoffen in der Regel gedeckt. Dennoch sollte Sie bei einigen Nährstoffen aufmerksam sein, wenn Sie ganz auf Fisch und Fleisch verzichten: Achten Sie auf eine ausreichende Zufuhr von Eisen, Zink, Jod und B-Vitaminen. Hülsenfrüchte, Nüsse und Vollkorngetreide helfen, Eisen- und Zinkmangel vorzubeugen. Eier, Milch und Milchprodukte und jodiertes Speisesalz versorgen Sie mit Jod und B-Vitaminen, insbesondere B12.

Tritt trotzdem ein Mangel auf, können Nahrungsergänzungsmittel sinnvoll sein. Nehmen Sie aber Vitamin- und Mineralstoffpräparate bitte nur nach Rücksprache mit Ihrem behandelnden Arzt ein.

Richtig trinken

Patienten mit Gicht sollten darauf achten, genug zu trinken. Wassermangel kann mit ein Auslöser für Gicht sein. Daher sollten Menschen mit erhöhten Harnsäurewerten mindestens 1,5 bis 2 Liter Flüssigkeit zu sich nehmen, im Sommer gerne mehr. Dies trägt dazu bei, die Harnsäuremenge im Blut und Urin zu verdünnen und damit das Risiko eines Gichtanfalls zu reduzieren.

Besonders geeignet, da purinarm bzw. purinfrei sind folgende Getränke:

- Mineralwasser
- Saftschorlen (1/3 Fruchtsaft und 2/3 Mineralwasser)
- Kräuter-, Früchte- und Schwarztee
- Lightgetränke (nicht mit Fruktose gesüßt, sondern mit Süßstoff)
- Kaffee (ca. 4–6 Tassen am Tag)

Entgegen früherer Meinung haben Kaffee und Tee keinen negativen Effekt auf die Harnsäure im Blut. Studienergebnisse sprechen sogar dafür, dass Kaffeekonsum vor

dem Auftreten von Gicht schützt. Da die Auswertungen jedoch noch keinen endgültigen Schluss zulassen, raten die Wissenschaftler zu einem moderaten Kaffeekonsum.

Hingegen ist die Wirkung von Alkohol auf den Harnsäurespiegel im Blut sehr gut untersucht und die Ergebnisse sind eindeutig: Gichtgefährdete Patienten sollten möglichst auf alkoholische Getränke verzichten, da Alkohol die Harnsäureausscheidung über die Niere hemmt und gleichzeitig eine vermehrte Harnsäurebildung fördert. Vor allem der Biergenuss sollte stark eingeschränkt werden, da Bier zusätzlich reichlich Purine enthält, das gilt auch für alkoholfreies oder Light-Bier.

Wein hingegen enthält keine Purine. Bei Hyperurikämie kann nach Rücksprache mit dem Arzt hin und wieder ein Glas Wein erlaubt sein, bei einem Gichtanfall ist aber jede Form von Alkohol tabu.

Besprechen Sie die genaue Trinkmenge immer mit Ihrem behandelnden Arzt, der Ihre Krankheitsgeschichte kennt. Bei bestimmten Erkrankungen, wie z. B. Herzschwäche oder Nierenerkrankungen, kann eine hohe Flüssigkeitszufuhr schädlich sein.

Richtig essen und trinken bei Gicht und ...

... erhöhten Blutfettwerten

Viele Gichtpatienten leiden zusätzlich an erhöhten Blutfettwerten. Da die Ernährungsempfehlungen für Patienten mit Gicht einer fettgesunden Ernährung entsprechen, sinken die Blutfettwerte automatisch ab, wenn sie sich daran halten.

Patienten mit erhöhten Blutfettwerten sollten Raps-, Lein- und Walnussölen den Vorzug geben, da diese Öle ein optimales Fettsäuremuster liefern. Weiterhin enthalten sie die herzgesunden Omega-3-Fettsäuren. Als Streichfette eignen sich Diätmargarinen.

... Diabetes mellitus

Menschen, die sowohl an Gicht als auch an Diabetes mellitus leiden, sollten zum Süßen ihrer Speisen und Getränke Süßstoffe verwenden. Dadurch werden sowohl Kilokalorien und Kohlenhydrate gespart.

Fruchtzucker, welcher noch vor einigen Jahren als geeignet eingestuft wurde, sollte nicht mehr verwendet werden, da er einen direkten Effekt auf die Harnsäure hat. Bereits wenige Minuten nach dem Konsum von mit Fruktose gesüßten Getränken steigt die Harnsäurekonzentration im Blut und Urin an. Ähnlich wie Alkohol hemmt der Fruchtzucker zudem die Harnsäureausscheidung über die Niere.

... erhöhtem Blutdruck

Viele Patienten leiden gleichzeitig an Gicht und an erhöhtem Blutdruck. Sind die Patienten übergewichtig und nehmen mit einer ausgewogenen vegetarischen Ernährung ab, normalisiert sich häufig auch der Blutdruck. Zusätzlich sollten Bluthochdruckpatienten darauf achten, weniger Salz zu verwenden. Der Salzstreuer sollte vom Tisch verbannt werden, stattdessen werden die Speisen mit anderen Gewürzen und frischen Kräutern gewürzt.

30 Ernährungstipps bei Hyperurikämie und Gicht

Auf den letzten Seiten haben Sie viel darüber gelesen, warum es bei Hyperurikämie und Gicht sinnvoll ist, ein gesundes Gewicht zu halten, möglichst wenig Alkohol zu trinken und den Konsum von Fleisch, Wurst und Fisch deutlich zu reduzieren. Hier finden Sie die wichtigsten Ernährungsregeln zusammengefasst und jede Menge Tipps, wie Sie sie erfolgreich umsetzen können.

1 Fasten, Heilfasten oder sogar Nulldiät können einen akuten Gichtanfall auslösen, da durch das Fasten verstärkt Körpersubstanz abgebaut wird und damit reichlich Harnsäure anfällt. Menschen mit erhöhter Harnsäure dürfen nicht fasten und sollten generell auf Wellnessdrinks mit Fruchtzucker verzichten. Wenn Sie abnehmen möchten, besprechen Sie die Vorgehensweise mit Ihrem Arzt. Auf jeden Fall sollten Sie täglich mindestens 1200 Kilokalorien zu sich zu nehmen.

2 Trinken Sie reichlich – jeden Tag mindestens 1,5 bis 2 Liter. Geeignet sind Getränke mit wenig oder gar keinen Kalorien, wie Mineralwasser und dünne Saftschorlen (1/3 Fruchtsaft und 2/3 Mineralwasser), Lightgetränke (ohne Fruchtzucker), Tee oder Kaffee.

3 Meiden Sie Alkohol. Zu besonderen Anlässen können Sie nach Rücksprache mit Ihrem Arzt ein Glas Wein oder Sekt trinken. Bier und Schnaps sollten Sie grundsätzlich vermeiden. Trinken Sie aber besonders dann keinen Alkohol, wenn Sie einmal über die Stränge geschlagen und mehr Purine aufgenommen haben, als Sie eigentlich sollten. Der Alkohol hemmt die Harnsäureausscheidung und der nächste Gichtanfall ist quasi vorprogrammiert. Alkoholfreies oder Light-Bier ist genauso ungeeignet wie „normales" Bier.

4 Kaffee oder Tee enthalten besondere Purine, die im Körper nicht zu Harnsäure abgebaut werden. Daher dürfen Sie täglich bis zu sechs Tassen Kaffee oder schwarzen Tee trinken.

5 Reduzieren Sie den Verzehr von Fleisch, Wurstwaren, Geflügel und Fisch. Wenn Sie nicht ganz darauf verzichten können oder wollen, halten Sie Maß und beschränken Sie Ihren Konsum auf maximal 100 Gramm pro Tag.

6 Belegen Sie Ihr Brot mit Käse anstelle von Wurst, um die Purinbelastung möglichst gering zu halten. Insbesondere wenn Sie mittags Fleisch, Fisch oder Geflügel gegessen haben, sollten Sie abends keine tierischen Produkte mehr zu sich nehmen.

7 Falls Sie weiterhin Fleisch und Wurstwaren essen möchten, gibt es verschiedene Möglichkeiten, die Menge zu reduzieren. Bitten Sie den Metzger, Wurst oder Fleisch besonders dünn aufzuschneiden. Bei

Gulasch oder Geschnetzeltem schneiden Sie das Fleisch klein und reichern das Gericht mit viel Gemüse an.

8 Für einen purinarmen Hackbraten ersetzen Sie einen Teil des Hackfleischs durch fein geriebenes Gemüse (z. B. Karotten), gegarte Getreidekörner und Reis. Getreideflocken, Kartoffelschnee und Magerquark dienen zum Binden. Pro Portion rechnen Sie 80 Gramm Hackfleisch und 100 Gramm weitere Zutaten. Parmesan, Meerrettich, Senf, Knoblauch oder Tomatenmark liefern Geschmack, ohne den Harnsäurespiegel über Gebühr zu belasten.

9 Pfifferlinge gehören zu den purinarmen Lebensmitteln und enthalten im Gegensatz zu anderen Pilzen wenig Harnsäure. Sie eignen sich daher sehr gut als Fleischersatz. Bereiten Sie aus den Pilzen ein leckeres Pilzragout mit Zwiebeln zu und servieren Sie es zusammen mit Semmelknödeln und einem großen Salatteller.

10 Eine purinfreie Alternative zum Wurstbrot ist ein Butterbrot mit Kräutern, Mixed Pickles, Gewürzgurken, Dillgurken, Salzgurken, Senfgurken, Maiskolben, eingelegter Paprika oder Peperoni, Cornichons oder italienischer Antipasti.

11 Auch Frischkäse oder Quark sind ein purin- und kalorienarmer Brotbelag. Es gibt eine große Auswahl an verschiedenen Sorten zu kaufen, Sie können aber auch selbst Frischkäse oder Quark mit Kräutern, Tomatenmark, Meerrettich oder Senf mischen. Wenn Sie keine erhöhten Blutfettwerte haben, sind Buttervariationen mit Kräutern, Knoblauch, Paprika oder Tomatenmark ein toller Wurstersatz auf getoastetem, duftendem Vollkornbrot.

12 Grundrezept Frischkäse- bzw. Quarkaufstrich (1 Portion): 2 EL Frischkäse oder Quark (fettarm), etwas Salz und Pfeffer, frische, fein gehackte Kräuter, fein gehackter Knoblauch, ein Spritzer Zitronensaft. Als Geschmackszutaten fein geraspeltes Gemüse (z. B. Karotten, Zucchini, Gurken, Kohlrabi), pürierte Hülsenfrüchte (z. B. gegarte Kichererbsen oder rote Linsen), klein geschnittene Oliven oder Peperoni, Tomatenmark, Paprikamark, Senf oder Meerrettich.

13 Grundrezept Butteraufstrich (1 Portion): 20 g weiche Butter, 1 TL Senf, Meerrettich, Tomatenmark oder Paprikamark, ein kleiner Spritzer Essig oder Zitronensaft, nach Geschmack Knoblauch, 1 EL Magerquark, fein gehackte Kräuter, wenig fluoridiertes Jodsalz, Pfeffer und andere Gewürze nach Geschmack.

14 Beide Aufstriche reichen für ein Vollkornbrötchen oder zwei Scheiben Brot, dazu passen z. B. Tomatenscheiben, Eisbergsalat, geschnittene Karotten, Gurken oder Radieschen. Der Butteraufstrich schmeckt hervorragend zu gegrilltem Gemüse oder zur Folienkartoffel.

15 Verwenden Sie rein vegetarische Gemüsebrühen anstelle von Fleischbrühe. Im Gegensatz zu Fleischbrühe, Fleischextrakt, Brühwürfeln oder Bouillonwürfeln enthält Gemüsebrühe fast keine Purine. Idealerweise stellen Sie die Brühe selbst her, dann wissen Sie, was darin enthalten ist. Auf Seite 137 finden Sie ein Rezept für eine Gemüsepaste aus Gemüse, Kräutern und Salz – mehr ist nicht nötig.

16 Purinfrei oder nahezu purinfrei sind Milch, Milchprodukte, Wasser, Öl, Butter, Diätmargarine, Kartoffeln, viele Gemüsesorten, Obst, Eier, Zucker und Honig.

17 Verzichten Sie völlig auf Innereien, Fleischextrakt, Bierhefe als Zusatzstoff, Ölsardinen, Muscheln und Anchovis.

18 Marinieren Sie in der Grillsaison Gemüse oder Pilze in Olivenöl mit Kräutern, Knoblauch und Gewürzen und stecken es abwechselnd auf einen Spieß. Zusammen mit paniertem Feta und einer Folienkartoffel mit Kräuterquark oder Tsatsiki sind das leckere Alternativen zu Fleisch und Würstchen. Und sie ersparen Ihnen einen schmerzhaften Gichtanfall nach der Grillparty.

19 Nutzen Sie den Römertopf, die Mikrowelle, beschichtete Pfannen oder den Grill zur fettarmen, aromatischen und gesunden Zubereitung von Gemüsegerichten.

20 Wenn Sie abnehmen möchten, achten Sie beim Käse auf einen Fettgehalt von 45 Prozent oder weniger. Als Faustregel gilt: Fettgehalt in der Trockenmasse geteilt durch zwei ergibt den tatsächlichen Fettgehalt des Käses.

21 Ingwer und Kurkuma sind bei schmerzenden und steifen Gelenken natürliche und bewährte Hausmittel. Ein daumengroßes Stück Ingwer, geschält und klein gehackt, gibt Mineralwasser in der Flasche ein besonderes Aroma. Auch Smoothies oder Suppen lassen sich mit gehacktem oder geriebenem Ingwer und Kurkurma verfeinern. Besonders gut passt Ingwer zu asiatischen Pfannengerichten.

22 Bei Salat und frischem Gemüse können Sie zugreifen. Alle Salatsorten sind geeignet, vor allem solche mit Bitterstoffen. Blattsalate, Wildkräuter, Kohlrabi, Gurken, Karotten etc. bieten zahlreiche Variationsmöglichkeiten und sorgen für Abwechslung auf dem Teller.

23 Grundrezept Blattsalat-Dressing: ½ Tasse fettarmes Milchprodukt (z. B. Buttermilch, Kefir, Naturjoghurt, Dickmilch oder Quark), 1 EL Essig (Apfel-, Rotwein-, oder Weißweinessig), Honig bzw. brauner Zucker oder flüssiger Süßstoff (bei Diabetes), Schnittlauchröllchen, Knoblauch, 1 Frühlingszwiebel oder ½ kleine Zwiebel, fluoridiertes Jodsalz, evtl. etwas Wasser zum Glattrühren. Nach Geschmack mischen Sie frische Orangen- oder Grapefruitfilets unter den Salat. Besonders aromatisch schmecken auch Walnuss-, Sonnenblumen-, Pinien- oder Kürbiskerne (1 TL pro Portion), die ohne Öl in einer beschichteten Pfanne leicht angeröstet werden.

24 Grundrezept Salatdressing: 1 EL Walnuss-, oder Olivenöl, 1 EL Himbeer-, Sherry- oder Champagneressig, fluoridiertes Jodsalz, frisch gemahlener bunter Pfeffer, ein Spritzer Zitronensaft, Zucker bzw. flüssiger Süßstoff (bei Diabetes), ½ kleine Zwiebel, ½ Knoblauchzehe, frische oder tiefgekühlte Kräuter, etwas Wasser. Als Varianten können Sie Dijonsenf, frisch geriebenen Meerrettich, Tomatenmark und fein geschnittene Paprikawürfel oder gewürfelte schwarze Oliven oder Peperoni verwenden.

25 Geschmacksintensive und verdauungsfördernde frische Kräuter, Gewürze, Frühlingszwiebeln oder Knoblauch können das Salz im Essen weitgehend überflüssig machen. Verstärken Sie das Aroma Ihrer Speisen durch Toasten, Grillen und Anrösten. Frische Lebensmittel der Saison schmecken intensiver als konservierte Lebensmittel.

26 Auch wenn Sie abnehmen müssen, brauchen Sie nicht auf Süßes zu verzichten. Käsekuchen mit Obst, Hefekuchen mit Quarkbelag, selbst zubereiteten Pudding mit fettarmer Milch und Süßstoff oder einen Bratapfel mit Trockenobst dürfen Sie genießen.

27 Zum Süßen von Desserts, Salatsoßen oder Getränken ist kalorienfreier Süßstoff eine gute Alternative, wenn Sie auf Ihr Gewicht achten möchten. Der Zuckeraustauschstoff Fruchtzucker (Fruktose) ist hingegen nicht geeignet.

28 Menschen mit Hyperurikämie oder Gicht sollten das Frühstück nicht ausfallen lassen. Wissenschaftliche Studien haben belegt: Wenn Gichtkranke nicht frühstücken, kann dies zu einem erhöhten Harnsäurespiegel im Blut führen. Andere Untersuchungen zeigen, dass der Appetit nachmittags und abends umso größer wird, wenn man dem Körper morgens die notwendige Energie vorenthält. Auch Heißhungerattacken können die Folge sein. Beides erschwert eine bewusste und gesunde Ernährung, die bei Gicht so wichtig ist, insbesondere, wenn Sie auch abnehmen möchten.

29 Das optimale Frühstück für Gichtkranke sind Vollkornbrötchen mit Quark und Marmelade oder Honig. Ein mit Ei belegtes Vollkornbrot stellt die purinarme Alternative zur Wurstsemmel dar und schmeckt mit scharfem Senf noch pikanter. Wenn Ihr Cholesterinspiegel im Normalbereich liegt, können Sie ohne Bedenken mehrmals die Woche ein bis zwei Eier genießen.

30 Vollkornbrot ist gesünder als Misch- oder Weißbrot und daher für jeden zu empfehlen. Es ist in vielen Variationen erhältlich: vom grobkörnigen Roggenvollkornbrot bis zum Dinkelbrot aus fein vermahlenem Korn. Die im Vollkornbrot enthaltenen Ballaststoffe senken den Cholesterinspiegel, fördern die Verdauung, beugen Darmkrebs und Gallensteinen vor. Außerdem sättigen sie und sorgen für einen milden Blutzuckeranstieg. Getoastet schmeckt es noch mal so gut.

Tagesplan – streng purinarm

Die meisten Betroffenen erreichen mit einer purinarmen Ernährung gute Blutwerte, das bedeutet, sie achten darauf, täglich nicht mehr als 500 Milligramm Harnsäure zu sich zu nehmen, das entspricht etwa 200 Milligramm Purinen. Bei einer streng purinarmen Kost soll ein Wert von 300 Milligramm Harnsäure pro Tag nicht überschritten werden, das entspricht maximal 120 Milligramm Purinen.

Dieser beispielhafte Tagesplan liefert rund 1700 Kilokalorien und 220 Milligramm Harnsäure. Sie können sich also daran orientieren, wenn Sie streng purinarm essen sollen. Zudem ist der Plan zum Abnehmen geeignet.

Frühstück	1 Portion Camembert-Apfel-Brötchen (Seite 37) 2 Tassen Chai Latte (Seite 52)
Mittagessen	1 Portion Grüne Soße mit Pellkartoffeln (Seite 148) 1 Portion Rucola-Tomaten-Salat (Seite 86) 1 Glas Limetten-Thymian-Limonade (Seite 54) 1 Portion Pfirsich-Joghurt-Creme (Seite 193)
Abendessen	1 Portion Flammkuchen mit Gemüse (Seite 167) 1 Portion Blattsalat mit Kürbis (Seite 89) 1 Glas Mineralwasser mit 1 EL Ingwersirup (Seite 57)
über den Tag verteilt	Trinken Sie mindestens 1,5 Liter Mineralwasser, Kräuter- oder Früchtetee

VEGETARISCH GENIESSEN BEI GICHT:
DIE REZEPTE

AUF EINEN BLICK: PURINARME UND STRENG PURINARME REZEPTE

Alle Rezepte sind purinarm, die streng purinarmen Rezepte sind mit einem grünen Punkt gekennzeichnet.

Frühstücksvariationen

Getränke und Smoothies

Vorspeisen und Snacks

Salate

FRÜHSTÜCKSVARIATIONEN

POWER-FRÜHSTÜCK

Perfekter Start in den Tag mit frischem Obst

Zubereitungszeit: 20 Minuten

Eine Portion enthält

470 kcal / 1965 kJ, 29 g Eiweiß,
18 g Fett, 47 g Kohlenhydrate,
11 g Ballaststoffe, 76 mg Harnsäure

Zutaten für 2 Portionen

- 2 Pfirsiche
- 100 g Brombeeren
- 100 g Heidelbeeren
- 2 EL Orangensaft
- 1 TL Akazienhonig
- ½ TL Zimt
- 2 EL Walnüsse
- 6 EL Vollkornhaferflocken
- 300 g Hüttenkäse

Zubereitung

1 Pfirsiche waschen, halbieren, Steine entfernen und die Fruchthälften in kleine Würfel schneiden. Die Beeren in ein Sieb geben, waschen und gut abtropfen lassen. Den Orangensaft mit dem Honig und dem Zimt verrühren. Das vorbereitete Obst in eine Schüssel geben und mit dem Honig-Orangensaft übergießen.

2 Walnüsse grob hacken, zusammen mit den Haferflocken in eine beschichtete Pfanne geben und bei mittlerer Hitze einige Minuten rösten. Herausnehmen und kurz abkühlen lassen.

3 Den Hüttenkäse mittig auf zwei Tellern anrichten, das Obst ringsherum verteilen. Mit den gerösteten Flocken und Nüssen garniert servieren.

PORRIDGE MIT GERÖSTETEN ZWETSCHGEN

Eine warme Grundlage für den Tag

Zubereitungszeit: 25 Minuten

Eine Portion enthält
425 kcal / 1777 kJ, 15 g Eiweiß,
11 g Fett, 63 g Kohlenhydrate,
5 g Ballaststoffe, 60 mg Harnsäure

Zutaten für 2 Portionen

- 300 g Zwetschgen
- 1 EL brauner Zucker
- 1 EL Zitronensaft
- 2 EL Apfelsaft
- 1 Zimtstange
- 40 g Marzipan
- ½ TL Zimt
- 2 Gewürznelken
- 1 Msp. Piment
- 500 ml Milch, 1,5 % Fett
- 6 geh. EL Vollkornhaferflocken

Zubereitung

1 Zwetschgen waschen, halbieren, Steine entfernen. Zucker in einem kleinen Topf erhitzen, bis er karamellisiert. Zwetschgen, Zitronensaft, Apfelsaft, 3 EL Wasser und Zimtstange zugeben, aufkochen und ca. 5–6 Minuten köcheln lassen.

2 Marzipan grob zerkleinern, mit Zimt, Nelken, Piment und Milch in einen kleinen Topf geben und aufkochen lassen. Haferflocken einstreuen, mit einem Schneebesen unterrühren, bei milder Hitze ca. 10 Minuten quellen lassen. Gelegentlich umrühren, damit der Porridge nicht anbrennt.

3 Am Ende der Garzeit die Nelken aus dem Porridge und die Zimtstange aus den Zwetschgen entfernen. Porridge auf zwei tiefe Schalen verteilen, mit den Zwetschgen garnieren und servieren.

VARIATION Äpfel oder Birnen sind ebenfalls eine gute Obstbeilage zum Porridge. Achten Sie aber darauf, dass die Garzeit hier deutlich kürzer ist. Möchten Sie ein Apfel- oder Birnenmus zum Porridge reichen, lassen Sie die Obstwürfel solange köcheln, bis das Obst zerfällt.

OVERNIGHT OATS

Lecker aus dem Kühlschrank gezaubert

Zubereitung

1 Die Walnüsse grob hacken. Zusammen mit Haferflocken, Leinsamen und Rosinen in ein verschließbares Gefäß geben. Milch, Joghurt und Vanillemark zugeben und vermengen. Gefäß verschließen und über Nacht in den Kühlschrank stellen.

2 Am nächsten Morgen den Apfel waschen, putzen und in kleine Würfel schneiden. Die Banane schälen und ebenfalls würfeln. Das geschnittene Obst mit Zitronensaft und Zimt vermengen.

3 Gequollene Haferflockenmasse gut verrühren und auf zwei Schalen verteilen. Mit dem Obst garniert servieren.

VARIATION Ebenso eignen sich alle anderen Getreideflocken zur Herstellung der Overnight oats.
Auch bei der Auswahl der Obstsorten können Sie Ihrer Phantasie freien Lauf lassen. Sehr lecker schmecken sommerfrische Beeren, wie Erdbeeren, Himbeeren und Brombeeren.

Zubereitungszeit: 10 Minuten
Ruhezeit: über Nacht

Eine Portion enthält
378 kcal / 1580 kJ, 13 g Eiweiß,
14 g Fett, 49 g Kohlenhydrate,
8 g Ballaststoffe, 74 mg Harnsäure

Zutaten für 2 Portionen
- 1 EL Walnüsse
- 6 EL Vollkornhaferflocken
- 1 EL Leinsamen
- 1 EL Rosinen
- 150 ml Milch, 1,5 % Fett
- 100 g Naturjoghurt, 1,5 % Fett
- 1 Msp. Vanillemark
- 1 Apfel
- 1 Banane
- ½ EL Zitronensaft
- ½ TL Zimt

KNUSPERMÜSLI

Ganz einfach auf Vorrat zubereitet

streng purinarm

Zubereitungszeit: 5 Minuten
Backzeit: 15 Minuten

Eine Portion (30 g) enthält
131 kcal / 550 kJ, 3 g Eiweiß, 7 g Fett, 14 g Kohlenhydrate, 2 g Ballaststoffe, 21 mg Harnsäure

Zutaten für ca. 25 Portionen

- 100 g Walnüsse
- 100 g Haselnüsse
- 50 g Sonnenblumenkerne
- 250 g Vollkornhaferflocken
- 50 g Leinsamen
- 1 TL gemahlene Vanille
- 6 EL Ahornsirup
- 100 g Trockenobst, z. B. Rosinen, Kirschen oder Cranberrys

Zubereitung

1 Backofen auf 180 °C (Ober-/Unterhitze) vorheizen. Ein Backblech mit Backpapier auslegen.

2 Walnüsse und Haselnüsse mit einem Messer grob zerkleinern und in eine große Schüssel geben. Sonnenblumenkerne, Haferflocken, Leinsamen, Vanille und Ahornsirup zugeben und vermischen. Die Mischung auf das Backblech geben und im Ofen ca. 15 Minuten knusprig backen.

3 Trockenobst untermengen. Müsli abkühlen lassen und in ein luftdichtes Schraubglas füllen.

TIPP Genießen Sie das Knuspermüsli mit Ihren Lieblingszutaten, z. B. Naturjoghurt mit frischen Orangenfilets, Apfelraspeln oder Bananenscheiben.

VARIATION In der kalten Jahreszeit können Sie das Knuspermüsli mit Zimt oder Lebkuchengewürz weihnachtlich aromatisieren. Im Sommer sorgen Kokosraspel für Abwechslung in der Müslischale.

WÄRMENDES MÜSLI

Wachmacher am Morgen

Zubereitungszeit: 15 Minuten

Eine Portion enthält

485 kcal / 2027 kJ, 16 g Eiweiß,
20 g Fett, 58 g Kohlenhydrate,
9 g Ballaststoffe, 84 mg Harnsäure

Zutaten für 2 Portionen

- 400 ml Milch, 1,5 % Fett
- 1 TL gemahlene Vanille
- 125 g Knuspermüsli (siehe Rezept Seite 34)
- 1 reife Birne
- 1 TL Zitronensaft
- 2 getrocknete Aprikosen
- 1 TL Pinienkerne

Zubereitung

1 Milch mit Vanille zum Kochen bringen. Müsli mit dem Schneebesen einrühren und 2 Minuten unter Rühren köcheln lassen. Topf vom Herd nehmen, Müsli ca. 5 Minuten quellen lassen.

2 Birne waschen, halbieren, Strunk und Kerngehäuse herausschneiden und Birnenhälften in kleine Würfel schneiden. Birnenwürfel mit Zitronensaft beträufeln. Aprikosen in schmale Streifen schneiden.

2 Birnen, Aprikosen und Pinienkerne unter das Müsli mengen, in zwei Schalen anrichten und genießen.

TIPP Sie können das Rezept auch mit einem gekauften Müsli zubereiten. Sie sollten jedoch darauf achten, dass es wenig Zucker enthält. Werfen Sie einen genauen Blick auf die Zutatenliste: Steht Zucker erst nach der fünften Stelle der Aufzählung, ist das Müsli relativ zuckerarm.

VARIATION Ersetzen Sie die Kuhmilch durch eine Nussmilch, z. B. Mandel- oder Haselnussmilch. Auch bei der Obstwahl sind Ihrer Fantasie keine Grenzen gesetzt.

CAMEMBERT-APFEL-BRÖTCHEN

Cremiger Camembert trifft fruchtigen Apfel

Zubereitung

1 Brötchen halbieren. Salat waschen, putzen und gut abtropfen lassen. Frischkäse mit Schnittlauch vermengen und je eine Brötchenhälfte damit bestreichen. Karotte putzen, schälen und raspeln. Karottenraspel auf den bestrichenen Hälften verteilen, je ein Salatblatt darauflegen.

2 Camembert in schmale Scheiben schneiden. Apfel waschen, halbieren und Strunk herausschneiden. Apfelhälften ebenfalls in schmale Scheiben schneiden. Käse- und Apfelscheiben auf den vorbereiteten Brötchenhälften verteilen. Die übrigen Brötchenhälften obenauf legen und servieren.

VARIATION Ebenfalls lecker schmecken reife Birnen und ein Ziegencamembert als Brötchenbelag.

Zubereitungszeit: 10 Minuten

Eine Portion enthält
251 kcal / 1050 kJ, 12 g Eiweiß,
9 g Fett, 30 g Kohlenhydrate,
7 g Ballaststoffe, 51 mg Harnsäure

Zutaten für 2 Portionen

- 2 Vollkornbrötchen
- 2 Blätter Eisbergsalat
- ½ EL Frischkäse, fettreduziert
- 1 EL Schnittlauchröllchen
- 1 kleine Karotte
- 60 g Camembert, 40 % Fett i. Tr.
- 1 Apfel

BANANEN-PANCAKES

Ideal zum Verwerten von braunen Bananen

streng purinarm

Zubereitungszeit: 15 Minuten

Eine Portion enthält

221 kcal / 924 kJ, 7 g Eiweiß,
11 g Fett, 23 g Kohlenhydrate,
2 g Ballaststoffe, 20 mg Harnsäure

Zutaten für 2 Portionen

1 reife Banane
1 TL Zitronensaft
30 g Dinkelmehl Type 630
1 TL Backpulver
1 Msp. Zimt
1 Ei
65 ml Milch, 1,5 % Fett
1–2 EL Rapsöl

Zubereitung

1 Banane schälen, mit dem Zitronensaft in eine kleine Schüssel geben und mit einer Gabel zerdrücken. Mehl, Backpulver, Zimt, Ei, Milch und 1 EL Öl mit dem Schneebesen zu einem glatten Teig verrühren und das Bananenmus daruntermengen.

2 Restliches Öl in einer beschichteten Pfanne erhitzen und aus dem Teig in 2–3 Minuten pro Seite kleine Pfannkuchen backen.

TIPP Genießen Sie die Pancakes mit etwas Ahornsirup und feinem Beerenquark (siehe Rezept Seite 40) oder ein paar Samen und Kernen als Topping.
Der Teig lässt sich auch auf Vorrat vorbereiten und einfrieren. Geben Sie die Bananen jedoch erst kurz vor dem Ausbacken dazu.

BEERENQUARK

Fruchtiger Quark mit Vanillenote

streng purinarm

Zubereitungszeit: 10 Minuten

Eine Portion enthält

154 kcal / 644 kJ, 18 g Eiweiß,
1 g Fett, 14 g Kohlenhydrate,
9 g Ballaststoffe, 27 mg Harnsäure

Zutaten für 2 Portionen

250 g Magerquark
1 Schuss kohlensäurehaltiges Mineralwasser
1 Msp. gemahlene Vanille
100 g Himbeeren
100 g Heidelbeeren
100 g Brombeeren

Zubereitung

Quark mit Mineralwasser und Vanille verrühren, bis er cremig ist. Die Beeren verlesen, in einem Sieb vorsichtig waschen und gut abtropfen lassen. Beeren unter den Quark heben und genießen.

POWERSTULLE

Energie und Vitamine für den Tag

Zubereitungszeit: 10 Minuten

Eine Portion enthält

317 kcal / 1325 kJ, 11 g Eiweiß,
9 g Fett, 47 g Kohlenhydrate,
12 g Ballaststoffe, 85 mg Harnsäure

Zutaten für 2 Portionen

4 Scheiben Vollkornbrot
1 EL Hüttenkäse
1 reife Tomate
½ reife Avocado
1 TL Zitronensaft
Salz, Pfeffer
2 EL Kresse

Zubereitung

1 Zwei Scheiben Brot mit je ½ EL Hüttenkäse bestreichen. Tomate waschen, halbieren und Strunk herausschneiden. Tomatenhälften in schmale Scheiben schneiden. Avocado mit einem Esslöffel aus der Schale lösen, in schmale Scheiben schneiden und mit Zitronensaft beträufeln.

2 Tomaten- und Avocadoscheiben auf den bestrichenen Broten verteilen, salzen und pfeffern. Kresse waschen, abtropfen lassen und auf den Belag streuen. Die beiden restlichen Brotscheiben obenauf legen und servieren.

EIER-GURKEN-HAPPEN

Herzhaftes Frühstück

Zubereitungszeit: 15 Minuten

Eine Portion enthält
219 kcal / 915 kJ, 13 g Eiweiß,
7 g Fett, 24 g Kohlenhydrate,
5 g Ballaststoffe, 41 mg Harnsäure

Zutaten für 2 Portionen

- 2 Eier
- 1 geh. EL Magerquark
- 1 Schuss kohlensäurehaltiges Mineralwasser
- 1 TL gehackter Dill
- Salz, Pfeffer
- 4 Scheiben Vollkornbrot
- 1 kleine Salatgurke

Zubereitung

1 Die Eier hart kochen. Quark mit dem Mineralwasser glatt rühren, mit Dill, Salz und Pfeffer würzen und auf zwei Brotscheiben verteilen.

2 Gurke waschen, putzen und mit der Küchenreibe grob raspeln. Eier pellen und in Scheiben schneiden. Eierscheiben und Gurkenraspel auf die Quarkbrote geben. Die beiden übrigen Brotscheiben obenauf legen und die Brote servieren.

SOMMEROMELETTE

Mit Tomaten und aromatischem Basilikum

streng purinarm

Zubereitungszeit: 20 Minuten
Garzeit: 10 Minuten

Eine Portion enthält
279 kcal / 1166 kJ, 17 g Eiweiß,
22 g Fett, 4 g Kohlenhydrate,
1 g Ballaststoffe, 14 mg Harnsäure

Zutaten für 2 Portionen

- 2 reife Tomaten
- 2 Stängel Basilikum
- 1 Knoblauchzehe
- 2 Schalotten
- 1 EL Olivenöl
- 4 Eier
- 2 EL Milch, 1,5 % Fett
- Salz, Pfeffer

Zubereitung

1 Tomaten waschen, trocknen, halbieren, Strunk herausschneiden und die Tomaten in kleine Würfel schneiden. Basilikum waschen, trocknen, Blättchen abzupfen und in schmale Streifen schneiden. Knoblauch und Schalotten schälen und in feine Würfel schneiden.

2 Das Öl in einer beschichteten Pfanne erhitzen. Knoblauch- und Zwiebelwürfel darin glasig andünsten, Tomatenwürfel zugeben und mitdünsten.

3 Eier aufschlagen, in eine Schüssel geben und mit der Milch verquirlen. Mit Salz und Pfeffer würzen. Eimasse zu den gedünsteten Gemüsewürfeln in die Pfanne gießen und bei geringer Hitze zugedeckt 10–12 Minuten stocken lassen. Das Omelette mit den Basilikumstreifen garniert servieren.

KRÄUTERRÜHREI MIT BALSAMICO-ZWIEBELN

Hochgenuss am Morgen

streng purinarm

Zubereitungszeit: 30 Minuten

Eine Portion enthält

360 kcal / 1505 kJ, 21 g Eiweiß,
28 g Fett, 6 g Kohlenhydrate,
1 g Ballaststoffe, 17 mg Harnsäure

Zutaten für 2 Portionen

2 Zwiebeln
½ EL Olivenöl
1 Prise Zucker
1 ½ EL Balsamicoessig
Salz, Pfeffer
5 Eier
2 EL Milch
4 Stängel gemischte Kräuter, z. B. Petersilie, Salbei, Basilikum, Thymian
1 EL Rapsöl

Zubereitung

1 Zwiebeln schälen, halbieren und in schmale Ringe schneiden. Olivenöl in einer Pfanne erhitzen, Zwiebeln zugeben, anbraten, Zucker zugeben und unter Rühren einige Minuten karamellisieren lassen. Mit dem Essig ablöschen und auf niedriger Stufe ca. 8 Minuten köcheln lassen. Zwiebeln mit Salz und Pfeffer würzen und zur Seite stellen.

2 Eier aufschlagen, in eine Schüssel geben und mit der Milch verquirlen. Kräuter waschen, trocknen, Blättchen abzupfen und fein hacken. Kräuter zusammen mit Salz und Pfeffer zu den verquirlten Eiern geben.

3 Rapsöl in einer beschichteten Pfanne erhitzen. Eimasse vorsichtig zugießen, kurz stocken lassen und mit einem Holzwender von außen nach innen zusammenschieben. Wenn das Rührei nach ca. 5 Minuten vollständig gestockt ist, aus der Pfanne nehmen und mit den Zwiebeln servieren.

TIPP Zum Kräuterrührei schmeckt frisch getoastetes Vollkornbrot.

VARIATION Im Frühling sorgt frischer Bärlauch für einen sensationellen Geschmack.

BAUERNFRÜHSTÜCK À LA TOSKANA

Kartoffeln vom Vortag lecker verwertet

streng purinarm

Zubereitungszeit: 20 Minuten
Garzeit: 10 Minuten

Eine Portion enthält

351 kcal / 1467 kJ, 19 g Eiweiß, 24 g Fett, 15 g Kohlenhydrate, 3 g Ballaststoffe, 33 mg Harnsäure

Zutaten für 2 Portionen

- 1 kleine Zucchini
- 1 Knoblauchzehe
- 2 EL schwarze Oliven
- 2 gekochte Kartoffeln
- 1 Zweig Oregano
- einige Rosmarinnadeln
- 1 EL Olivenöl
- 4 Eier
- 2 EL Milch, 1,5 % Fett
- Salz, Pfeffer
- 2 Zweige glatte Petersilie

Zubereitung

1 Zucchini waschen, trocknen, putzen und in schmale Scheiben schneiden. Knoblauchzehe schälen und fein würfeln. Oliven in Scheibchen schneiden. Kartoffeln ebenfalls in Scheiben schneiden. Oreganoblättchen abzupfen und zusammen mit dem Rosmarin fein hacken.

2 Das Öl in einer beschichteten Pfanne erhitzen. Knoblauchwürfel darin glasig andünsten, Zucchini- und Kartoffelscheiben zugeben und einige Minuten mitgaren.

3 Eier aufschlagen und in eine Schüssel geben. Milch, Salz, Pfeffer und vorbereitete Kräuter zugeben und alles mit einer Gabel verquirlen. Die Eimasse über die gedünsteten Gemüsescheiben in die Pfanne gießen, Olivenscheiben zugeben und das Ei zugedeckt bei geringer Hitze 10–12 Minuten stocken lassen.

4 Nach Ende der Garzeit mit der klein geschnittenen Peterslile bestreuen und sofort servieren.

VARIATION Tauschen Sie das Gemüse je nach Vorlieben aus. Eine mediterrane Variation erhalten Sie mit reifen Tomaten und Auberginen. Immer passend: kleine Schalotten als Gemüsegrundlage.

ITALIENISCHE MUFFINS

Sommerlich mit Tomaten und Kräutern

streng purinarm

Zubereitungszeit: 25 Minuten
Backzeit: 25 Minuten

Ein Muffin enthält
213 kcal / 980 kJ, 9 g Eiweiß,
11 g Fett, 20 g Kohlenhydrate,
1 g Ballaststoffe, 14 mg Harnsäure

Zutaten für 6 Stück

je 1 Zweig Rosmarin, Thymian, Oregano, Basilikum
175 g Cocktailtomaten
1 Knoblauchzehe
40 g Parmesan
40 ml Olivenöl
125 g Magerquark
40 ml Milch, 1,5 % Fett
1 Ei
150 g Dinkelmehl Type 630
1 TL Backpulver
Salz, Pfeffer

Zubereitung

1 Kräuter waschen, trocknen, Nadeln bzw. Blättchen abzupfen und fein hacken. Tomaten waschen, trocknen und halbieren. Knoblauchzehe schälen und fein würfeln. Parmesan reiben.

2 Den Backofen auf 200 °C (Ober-/Unterhitze) vorheizen.

3 Olivenöl, Quark, Milch, Ei, Mehl und Backpulver zu einem Teig verrühren, salzen und pfeffern. Vorbereitete Kräuter, Tomaten, Knoblauch und Parmesan unter den Teig mengen.

4 Papierförmchen in den Mulden eines Muffinblechs verteilen. Teig vorsichtig in die Förmchen füllen. Die Muffins im heißen Ofen ca. 25 Minuten backen.

VARIATION Probieren Sie die Muffins mit geraspelten Zucchini- und Karottenstreifen und getrockneten Tomaten.

SAUERKIRSCHGELEE MIT TONKABOHNE

Exotisch veredelt

streng purinarm

Zubereitungszeit: 15 Minuten

Eine Portion (20 g) enthält
39 kcal / 165 kJ, 0 g Eiweiß,
0 g Fett, 9 g Kohlenhydrate,
0 g Ballaststoffe, 2 mg Harnsäure

Zutaten für ca. 4 Gläser

1 Tonkabohne
750 ml Sauerkirschsaft
1 Pck. Gelierzucker 2:1 (500 g)
Außerdem:
3–4 Twist-off-Gläser à 250 ml

Zubereitung

1 Einen kleinen Dessertteller in das Gefrierfach stellen. Twist-off-Gläser heiß ausspülen und bereitstellen.

2 Tonkabohne mit etwas Gelierzucker in eine Küchenmaschine geben und auf höchster Stufe pulverisieren. Tonkazucker, Kirschsaft und restlichen Gelierzucker in einen Topf geben, gut vermischen und unter Rühren zum Kochen bringen. Die Masse 4 Minuten sprudelnd kochen lassen.

3 Am Ende der Garzeit Gelierprobe machen: Dessertteller aus dem Gefrierfach holen und einen Klecks Gelee daraufgeben. Wenn der Klecks zerläuft, Gelee noch etwas weiterkochen lassen. Wenn der Klecks nicht verläuft, Gelee in die Twist-off-Gläser füllen und diese sofort verschließen.

TIPP Tonkabohnen finden Sie in gut sortierten Supermärkten in der Gewürzabteilung. Sollten keine erhältlich sein, gelingt das Gelee auch mit einer halben Vanilleschote. Hierfür schneiden Sie die Vanilleschote der Länge nach auf und kratzen das Vanillemark heraus. Fügen Sie das Mark und die Schote anstelle der Tonkabohne mit etwas Gelierzucker in die Küchenmaschine und mixen Sie alles.

WEIHNACHTLICHE PFLAUMENMARMELADE

Mit Marzipan und Zimt

streng purinarm

Zubereitungszeit: 20 Minuten

Eine Portion (20 g) enthält
35 kcal / 146 kJ, 0 g Eiweiß,
0 g Fett, 8 g Kohlenhydrate,
0 g Ballaststoffe, 3 mg Harnsäure

Zutaten für ca. 4 Gläser

40 g Marzipan
1 kg reife Pflaumen oder Zwetschgen
½ TL gemahlener Zimt
1 Pck. Gelierzucker 2:1 (500 g)
Außerdem:
4 Twist-off-Gläser à 250 ml

Zubereitung

1 Einen kleinen Dessertteller in das Gefrierfach stellen. Twist-off-Gläser heiß ausspülen und bereitstellen.

2 Marzipan grob zerkleinern. Pflaumen waschen, entsteinen und halbieren. Zusammen mit Marzipan und Zimt in einen großen Topf geben und mit einem Pürierstab gründlich zerkleinern.

3 Gelierzucker unter das Püree mengen und unter Rühren zum Kochen bringen. Die Masse 4 Minuten sprudelnd kochen lassen. Dabei immer wieder umrühren, damit die Marmelade nicht anbrennt. Entstehenden Schaum mit dem Schaumlöffel entfernen.

4 Am Ende der Garzeit Gelierprobe machen: Dessertteller aus dem Gefrierfach holen und einen Klecks Marmelade daraufgeben. Verläuft der Klecks, Marmelade einige Minuten weiterkochen lassen. Wenn der Klecks nicht zerläuft, Marmelade in die Gläser füllen und diese sofort verschließen.

VARIATION Sehr lecker schmeckt die Marmelade auch mit Äpfeln und Birnen.

GETRÄNKE UND SMOOTHIES

CHAI LATTE

Schnell selbst gemacht

streng purinarm

Zubereitungszeit: 10 Minuten
Garzeit: 10 Minuten

Eine Portion enthält
43 kcal / 179 kJ, 1 g Eiweiß,
0 g Fett, 9 g Kohlenhydrate,
0 g Ballaststoffe, 0 mg Harnsäure

Zutaten für 2 Portionen

- 1–2 Pimentkörner
- 1–2 Gewürznelken
- ½ TL getrockneter Ingwer
- ¼ TL Anis
- 1 kleine Zimtstange
- 2 TL loser Schwarztee, z. B. Darjeeling oder Assam
- 1 EL Honig
- 50 ml Milch, 1,5 % Fett

Zubereitung

1 400 ml Wasser mit Piment, Nelken, Ingwer, Anis und Zimtstange aufkochen und ca. 10 Minuten köcheln lassen. Das Gewürzwasser über die Teeblätter gießen und 4 Minuten ziehen lassen. Abseihen und mit Honig süßen.

2 Die Milch erwärmen und aufschäumen. Tee in zwei Teegläser gießen und den Milchschaum daraufsetzen.

APFELSCHORLE MIT PFIFF

Angenehm scharf mit etwas Ingwer

streng purinarm

Zubereitungszeit: 5 Minuten

Eine Portion enthält
73 kcal / 304 kJ, 0 g Eiweiß,
0 g Fett, 15 g Kohlenhydrate,
0 g Ballaststoffe, 0 mg Harnsäure

Zutaten für 2 Portionen

- 1 Stück Ingwer (ca. 30 g)
- 250 ml Apfelsaft
- 450 ml kohlensäurehaltiges Mineralwasser
- Eiswürfel

Zubereitung

1 Ingwer schälen und grob hacken. Mit dem Apfelsaft in ein hohes Gefäß geben, dann mit einem Pürierstab pürieren. Durch ein feines Sieb gießen und den Saft mit Mineralwasser auffüllen.

2 Schorle in zwei große Gläser gießen und mit Eiswürfeln servieren.

LIMETTEN-THYMIAN-LIMONADE

Fruchtiger Durstlöscher

streng purinarm

Zubereitungszeit: 10 Minuten
Abkühlzeit: 30–45 Minuten

Eine Portion enthält

34 kcal / 142 kJ, 0 g Eiweiß, 0 g Fett, 8 g Kohlenhydrate, 0 g Ballaststoffe, 2 mg Harnsäure

Zutaten für 2 Portionen

- 1 Stück Ingwer (ca. 30 g)
- 1 EL brauner Zucker
- 1 Limette
- 4 Zweige Zitronenthymian
- 100–150 ml kohlensäurehaltiges Mineralwasser

Zubereitung

1 Ingwer schälen und in schmale Scheiben schneiden. Ingwerscheiben mit 500 ml Wasser in einen Topf geben, zum Kochen bringen und 5 Minuten kochen lassen. Zucker zugeben und unter Rühren auflösen. Den Ingwersud in ein anderes Behältnis umfüllen und abkühlen lassen.

2 Limette heiß waschen. Eine Hälfte auspressen, die andere Hälfte in Stücke schneiden. Zitronenthymian waschen und trocknen. Die Kräuter zusammen mit den Limettenstücken auf zwei große Gläser verteilen.

3 Abgekühlten Ingwersud durch ein Sieb in die beiden Gläser gießen. Mit dem Limettensaft und Mineralwasser auffüllen.

ZITRONEN-EISTEE

Herrlich erfrischend an heißen Tagen

streng purinarm

Zubereitungszeit: 10 Minuten
Kühlzeit: 2 Stunden

Eine Portion enthält

26 kcal / 109 kJ, 0 g Eiweiß, 0 g Fett, 5 g Kohlenhydrate, 0 g Ballaststoffe, 3 mg Harnsäure

Zutaten für 2 Portionen

- 2 TL loser Schwarztee
- 1 Bio-Zitrone
- 2 Stängel Zitronenmelisse
- Eiswürfel
- 1 EL Ahornsirup

Zubereitung

1 500 ml Wasser zum Kochen bringen, über die Teeblätter gießen und 3 Minuten ziehen lassen.

2 Zitrone heiß waschen. Etwas Zitronenschale dünn abschälen und zur Seite legen. Zitrone auspressen und 1 EL Zitronensaft zum Tee geben. Tee abseihen, abkühlen lassen.

3 Zitronenmelisse waschen, trocknen, zusammen mit Eiswürfeln und der Zitronenschale in zwei große Gläser geben. Den abgekühlten Tee mit Ahornsirup süßen und in die Gläser füllen.

APFELPUNSCH

Herrlich wärmend an kalten Tagen

streng purinarm

Zubereitungszeit: 15 Minuten

Eine Portion enthält

38 kcal / 159 kJ, 0 g Eiweiß, 0 g Fett, 8 g Kohlenhydrate, 0 g Ballaststoffe, 12 mg Harnsäure

Zutaten für 2 Portionen

- 1 Vanilleschote
- 4 TL loser Apfelfrüchtetee
- ½ TL Zimt
- 2 Gewürznelken
- 150 ml Apfelsaft

Zubereitung

1 300 ml Wasser zum Kochen bringen. Vanilleschote der Länge nach halbieren, Vanillemark herauskratzen. Apfeltee zusammen mit Vanilleschote, Vanillemark, Zimt und Nelken in eine Schüssel geben. Kochendes Wasser darübergießen und alles 10 Minuten ziehen lassen.

2 Apfelsaft in einem Topf erwärmen, Tee durch ein Sieb zum Apfelsaft gießen. Den fertigen Punsch in zwei Teegläser füllen und genießen.

ROTER BEERENPUNSCH

Leckere Alternative zu Tee

streng purinarm

Zubereitungszeit: 15 Minuten

Eine Portion enthält

61 kcal / 255 kJ, 1 g Eiweiß, 0 g Fett, 13 g Kohlenhydrate, 0 g Ballaststoffe, 19 mg Harnsäure

Zutaten für 2 Portionen

- 4 TL loser Hibiskustee
- 1 EL Cranberrys
- 1 Zimtstange
- 1 Sück Sternanis
- 100 ml roter Traubensaft

Zubereitung

1 300 ml Wasser zum Kochen bringen. Hibiskustee, Cranberrys, Zimtstange und Sternanis in eine Schüssel geben. Das kochende Wasser darübergießen und 10 Minuten ziehen lassen.

2 Traubensaft erhitzen und in zwei Teegläser füllen. Tee abseihen und zum Traubensaft gießen.

INGWERTEE

Geheimwaffe in der Erkältungszeit

streng purinarm

Zubereitungszeit: 15 Minuten

Eine Portion enthält

31 kcal / 130 kJ, 0 g Eiweiß,
0 g Fett, 8 g Kohlenhydrate,
0 g Ballaststoffe, 0 mg Harnsäure

Zutaten für 2 Portionen

1 Stück Ingwer (ca. 40 g)

1 EL Honig

Zubereitung

1 Ingwer schälen und in feine Scheiben schneiden. 400 ml Wasser zum Kochen bringen, über die Ingwerscheiben gießen und 10 Minuten ziehen lassen.

2 Ingwertee mit Honig süßen, in zwei Teegläser füllen und genießen.

BEEREN-SMOOTHIE

Vitamine zum Trinken

streng purinarm

Zubereitungszeit: 10 Minuten

Eine Portion enthält

108 kcal / 451 kJ, 6 g Eiweiß,
1 g Fett, 15 g Kohlenhydrate,
7 g Ballaststoffe, 32 mg Harnsäure

Zutaten für 2 Portionen

100 g Erdbeeren

100 g Heidelbeeren

100 g Himbeeren

300 ml Buttermilch

1 Msp. gemahlene Vanille

Zubereitung

1 Die Beeren vorsichtig waschen, putzen und zusammen mit Buttermilch und Vanille in ein hohes Gefäß geben. Alles mit dem Pürierstab cremig mixen.

2 Smoothie in zwei hohe Trinkgläser geben und servieren.

ERDBEER-KOKOS-SMOOTHIE

Wunderbar cremiger Genuss

streng purinarm

Zubereitungszeit: 10 Minuten

Eine Portion enthält
118 kcal / 493 kJ, 5 g Eiweiß,
3 g Fett, 18 g Kohlenhydrate,
3 g Ballaststoffe, 35 mg Harnsäure

Zutaten für 2 Portionen

300 g Erdbeeren
200 ml Milch, 1,5 % Fett
200 ml Kokosmilch

Zubereitung

1 Erdbeeren waschen, trocken tupfen und putzen. Beeren vierteln und zusammen mit der Milch und der Kokosmilch in ein hohes Gefäß geben. Alles mit dem Pürierstab cremig mixen.

2 Smoothie auf zwei hohe Gläser verteilen und genießen.

KAFFEE-BANANEN-SMOOTHIE

Frühstück im Glas

streng purinarm

Zubereitungszeit: 10 Minuten

Eine Portion enthält
121 kcal / 506 kJ, 6 g Eiweiß,
3 g Fett, 18 g Kohlenhydrate,
1 g Ballaststoffe, 13 mg Harnsäure

Zutaten für 2 Portionen

2 kalte Espressi
1 Banane
300 ml kalte Milch, 1,5 % Fett
½ TL Zimt
8 Eiswürfel

Zubereitung

1 Kaffee, geschälte Banane, Milch, Zimt und 4 Eiswürfel in ein hohes Gefäß geben. Alles mit dem Pürierstab zu einem cremigen Smoothie verarbeiten.

2 Weitere Eiswürfel auf zwei große Gläser verteilen. Die Gläser mit Smoothie auffüllen, mit etwas Zimt bestäuben und genießen.

TIPP Falls der Smoothie beim Pürieren zu dickflüssig wird, geben Sie noch etwas kalte Milch dazu. Vorab eingefrorene und leicht angetaute Bananenscheiben machen das Getränk besonders erfrischend.

ORANGEN-SMOOTHIE

Weihnachtlicher Genuss

streng purinarm

Zubereitungszeit: 10 Minuten

Eine Portion enthält
113 kcal / 472 kJ, 4 g Eiweiß,
2 g Fett, 19 g Kohlenhydrate,
0 g Ballaststoffe, 17 mg Harnsäure

Zutaten für 2 Portionen

2 Bio-Orangen
200 g Naturjoghurt, 1,5 % Fett
1 EL Akazienhonig
½ TL Lebkuchengewürz

Zubereitung

1 Die Orangen heiß waschen. Schale von einer Orange abreiben. Orangen auspressen.

2 Orangensaft mit Orangenschale, Joghurt, Honig, Lebkuchengewürz und 150 ml kaltem Wasser in ein hohes Gefäß geben. Mit dem Pürierstab kräftig durchmixen.

3 Smoothie in zwei hohe Gläser füllen und genießen.

MANGO-SMOOTHIE

Leicht und exotisch

streng purinarm

Zubereitungszeit: 10 Minuten

Eine Portion enthält
148 kcal / 619 kJ, 7 g Eiweiß,
2 g Fett, 24 g Kohlenhydrate,
2 g Ballaststoffe, 19 mg Harnsäure

Zutaten für 2 Portionen

1 Stängel Zitronenmelisse
1 reife Mango
400 ml Buttermilch
1 Msp. gemahlene Vanille
4–6 Eiswürfel

Zubereitung

1 Zitronenmelisse waschen, trocknen, Blättchen abzupfen und in feine Streifen schneiden. Mango schälen und das Fruchtfleisch mit einem scharfen Messer vom Kern lösen.

2 Mango, Buttermilch, Vanille und Zitronenmelisse in ein hohes Gefäß geben. Mit dem Pürierstab cremig durchmixen.

3 Eiswürfel auf zwei hohe Gläser verteilen, Smoothie darübergießen und genießen.

GRÜNER SMOOTHIE

Fitmacher aus Gemüse und Obst

Zubereitung

1 Spinat waschen, verlesen, harte Stiele entfernen und gut abtropfen lassen. Kresse waschen und trocknen. Apfel waschen, halbieren, Strunk und Kerngehäuse entfernen. Apfelhälften in grobe Stücke schneiden. Banane schälen und in grobe Stücke schneiden.

2 Sämtliche Zutaten zusammen mit 400 ml Wasser im Mixer oder mit dem Püriestab gut pürieren. Wenn der Smoothie zu dickflüssig ist, noch etwas Wasser zugeben.

3 Smoothie in zwei hohe Gläser füllen und sofort servieren.

Zubereitungszeit: 15 Minuten

Eine Portion enthält

163 kcal / 681 kJ, 5 g Eiweiß,
1 g Fett, 31 g Kohlenhydrate,
7 g Ballaststoffe, 102 mg Harnsäure

Zutaten für 2 Portionen

- 200 g Blattspinat
- 40 g Kresse
- 1 Apfel (ca. 150 g)
- 1 Banane (ca. 200 g)
- 2 EL Zitronensaft

VORSPEISEN UND SNACKS

GEFÜLLTE TOMATEN MIT KRÄUTERQUARK

Sommerlich-frische Vorspeise

streng purinarm

Zubereitungszeit: 10 Minuten

Eine Portion enthält

64 kcal / 268 kJ, 9 g Eiweiß,
0 g Fett, 5 g Kohlenhydrate,
1 g Ballaststoffe, 7 mg Harnsäure

Zutaten für 2 Portionen

- 2 Tomaten
- Salz, Pfeffer
- 4 geh. EL Magerquark
- 2 EL Buttermilch
- 2 TL gehackte Kräuter, z. B. Petersilie, Dill oder Schnittlauch

Zubereitung

1 Tomaten waschen, trocknen und jeweils das obere Drittel als Deckel abschneiden. Das Fruchtfleisch mit einem Esslöffel herauslösen. Die ausgehöhlten Tomaten leicht salzen und pfeffern.

2 Quark und Buttermilch mit dem Schneebesen glatt rühren. Quarkmischung mit Salz, Pfeffer und Kräutern würzen, in die ausgehöhlten Tomaten füllen und den Deckel auflegen.

GURKEN-KÄSE-RÖLLCHEN

Aufgespießte Leckerei

streng purinarm

Zubereitungszeit: 10 Minuten

Eine Portion enthält

93 kcal / 389 kJ, 10 g Eiweiß,
5 g Fett, 2 g Kohlenhydrate,
1 g Ballaststoffe, 9 mg Harnsäure

Zutaten für 2 Portionen

- 1 Mini-Salatgurke (ca. 150 g)
- 2 Scheiben Emmentaler, 30 % Fett i. Tr.
- 1 EL Magerquark
- 1 TL gehackter Dill
- Salz, Pfeffer

Außerdem:

- Zahnstocher

Zubereitung

1 Gurke waschen, putzen und mit dem Sparschäler längs in schmale Scheiben schneiden. Käse in gurkenbreite Scheiben schneiden. Quark mit Dill, Salz und Pfeffer würzen.

2 Dillquark auf die Gurkenscheiben streichen, Käsescheiben darauflegen. Die belegten Gurkenscheiben aufrollen und mit Zahnstochern feststecken.

ROTE-BETE-CARPACCIO MIT BÜFFELMOZZARELLA

Delikatesse für Festtage

streng purinarm

Zubereitungszeit: 15 Minuten
Zeit zum Durchziehen: 45 Minuten

Eine Portion enthält
196 kcal / 819 kJ, 7 g Eiweiß,
14 g Fett, 10 g Kohlenhydrate,
3 g Ballaststoffe, 22 mg Harnsäure

Zutaten für 2 Portionen

- 1 Rote-Bete-Knolle
- Salz
- 1 TL Zucker
- 2 Lauchzwiebeln
- ½ Kugel Büffelmozzarella
- 1 EL Olivenöl
- 1 EL weißer Balsamicoessig
- Pfeffer

Zubereitung

1 Rote Bete waschen, mit Einmalhandschuhen putzen, schälen und in dünne Scheiben schneiden. Die Scheiben mit Salz und Zucker bestreuen und 45 Minuten ziehen lassen.

2 Lauchzwiebeln waschen, putzen und in schmale Ringe schneiden. Mozzarella in dünne Scheiben schneiden. Zwiebelringe mit Öl und Essig vermengen, salzen und pfeffern. Zwiebeldressing über die Mozzarellascheiben geben.

3 Rote-Bete-Scheiben auf zwei Tellern anrichten, die Mozzarellascheiben darauf verteilen. Eventuell übrig gebliebenes Dressing darüberträufeln und servieren.

AVOCADO-MANGO-TATAR

Feines für Gäste

Zubereitungszeit: 15 Minuten

Eine Portion enthält
248 kcal / 1037 kJ, 2 g Eiweiß,
21 g Fett, 12 g Kohlenhydrate,
4 g Ballaststoffe, 33 mg Harnsäure

Zutaten für 2 Portionen

- 1 EL Zitronen- oder Limettensaft
- 1 EL Walnussöl
- Salz, Pfeffer
- 1 Handvoll Rucola
- ½ reife Mango
- ½ reife Avocado

Zubereitung

1 Zitrussaft, Öl, Salz und Pfeffer zu einem Dressing verquirlen. Rucolablätter waschen, trocknen und in feine Streifen schneiden. Mit dem Dressing vermengen.

2 Mango schälen, den Kern entfernen und das Fruchtfleisch in kleine Würfel schneiden. Kern der halbierten Avocado entfernen, Fruchtfleisch mit einem Löffel aus der Schale herausheben und ebenfalls klein würfeln.

3 Mango- und Avocadowürfel mit dem Salat vermischen und in zwei Gläser oder Schalen füllen. Bis zum Servieren kühl stellen.

RÖSTBROTSTERNE

Hingucker zu Suppen oder Salaten

Zubereitung

1 Knoblauchzehe schälen und fein würfeln. Rosmarin waschen, trocknen, Nadeln abzupfen und fein hacken. Knoblauch und Rosmarin mit dem Öl vermengen.

2 Mit dem Plätzchenausstecher Sterne aus den Brotscheiben ausstechen.

3 Das vorbereitete Öl in einer beschichteten Pfanne sanft erhitzen und die Brotsterne darin von beiden Seiten knusprig rösten.

TIPP Brotreste, die beim Ausstechen übrig geblieben sind, können Sie würfeln und als Croutons im restlichen Öl rösten.

VARIANTE Unterschiedliche Brotsorten wie Toast- oder Bauernbrot schmecken nicht nur lecker, sondern sehen zusammen auch schön aus.

Zubereitungszeit: 10 Minuten

Eine Portion enthält
166 kcal / 694 kJ, 3 g Eiweiß, 9 g Fett, 19 g Kohlenhydrate, 4 g Ballaststoffe, 29 mg Harnsäure

Zutaten für 2 Portionen

- 1 Knoblauchzehe
- 1 Zweig Rosmarin
- 1 EL Olivenöl
- 2 Scheiben Vollkornbrot

Außerdem:

- 1 Plätzchenausstecher in Sternform

ZIEGENKÄSENOCKEN

Mit Schnittlauch als Frischekick

Zubereitungszeit: 5 Minuten

Eine Portion enthält
291 kcal / 1216 kJ, 12 g Eiweiß,
14 g Fett, 30 g Kohlenhydrate,
3 g Ballaststoffe, 47 mg Harnsäure

Zutaten für 2 Portionen
- 100 g Ziegenfrischkäse
- Salz, Pfeffer
- 3 EL Schnittlauchröllchen
- 4 Scheiben Vollkorntoast

Zubereitung

1 Ziegenfrischkäse in einer Schüssel glatt rühren und mit Salz und Pfeffer würzen. Mit zwei Löffeln kleine Nocken abstechen und in den Schnittlauchröllchen wenden.

2 Die Brotscheiben toasten und mit den Frischkäsenocken servieren.

GERÖSTETE KÜRBISKERNE

Herzhafte Knabberei

streng purinarm

Zubereitungszeit: 5 Minuten
Backzeit: 20 Minuten

Eine Portion (30 g) enthält
196 kcal / 819 kJ, 7 g Eiweiß,
17 g Fett, 4 g Kohlenhydrate,
3 g Ballaststoffe, 0 mg Harnsäure

Zutaten für 2 Portionen
- 100 g Kürbiskerne
- Salz, Pfeffer, Paprikapulver (edelsüß)
- 1 EL Olivenöl

Zubereitung

1 Backofen auf 200 °C (Ober-/Unterhitze) vorheizen. Kürbiskerne säubern und mit Küchenkrepp trocknen.

2 Kerne mit den Gewürzen und dem Öl gut vermengen. In eine feuerfeste Form geben. Die Kürbiskerne im heißen Ofen 15–20 Minuten knusprig backen.

GEBACKENER CAMEMBERT MIT BIRNEN-ZWIEBEL-CHUTNEY

Klassiker mit würziger Beilage

streng purinarm

Zubereitungszeit: 25 Minuten

Eine Portion enthält
355 kcal / 1484 kJ, 25 g Eiweiß, 23 g Fett, 13 g Kohlenhydrate, 3 g Ballaststoffe, 28 mg Harnsäure

Zutaten für 2 Portionen

- 1 EL Walnüsse
- 6 Schalotten
- 1 Birne
- 1 TL Zitronensaft
- 1 TL Rapsöl
- 2 kleine Camemberts, 30 % Fett i. Tr. (je 100 g)
- Salz, Pfeffer
- 1 Schuss Apfelessig
- 40 ml Birnensaft
- 1 Zweig Rosmarin

Zubereitung

1 Die Walnüsse grob hacken und in einer beschichteten Pfanne ohne Fett rösten, bis sie beginnen, aromatisch zu duften. Zur Seite stellen und abkühlen lassen.

2 Schalotten schälen und in schmale Scheiben schneiden. Birne waschen, schälen, Kerngehäuse entfernen und Fruchtfleisch in Würfel schneiden. Birnenwürfel mit Zitronensaft beträufeln.

3 Backofen auf 200 °C (Ober-/Unterhitze) vorheizen. Ein Backblech mit Backpapier belegen.

4 Rapsöl in einer Pfanne sanft erhitzen und die Schalotten darin anbraten. Die Birnenwürfel zugeben und einige Minuten mitbraten.

5 Camemberts auf ein Backblech setzen und im heißen Ofen ca. 12 Minuten backen.

6 Inzwischen die Birnen und Zwiebeln in der Pfanne mit Essig ablöschen, salzen und pfeffern. Birnensaft zugießen, geröstete Walnüsse zugeben und das Chutney ca. 10 Minuten köcheln lassen.

7 Chutney auf den Camembert geben und mit gehacktem Rosmarin garnieren.

TIPP Dazu passt Brot, am besten Vollkorntoast.

HERZHAFTE KÄSEWAFFELN

Waffeln einmal salzig

streng purinarm

Zubereitungszeit: 15 Minuten
Backzeit: 15 Minuten

Eine Portion enthält

434 kcal / 1814 kJ, 22 g Eiweiß, 15 g Fett, 51 g Kohlenhydrate, 3 g Ballaststoffe, 29 mg Harnsäure

Zutaten für 2 Portionen

- 1 Stück Hartkäse, 30 % Fett i. Tr. (50 g), z. B. Parmesan oder Emmentaler
- 1 Ei
- 250 ml Buttermilch
- 125 g Dinkelmehl Type 630
- 1 gestr. TL Backpulver
- Pfeffer
- ½ TL Rapsöl

Zubereitung

1 Käse auf einer Küchenreibe fein reiben. Ei, Buttermilch, Mehl und Backpulver in einer Schüssel zu einem zähflüssigen Teig verrühren. Geriebenen Käse unterheben und den Teig mit Pfeffer würzen.

2 Den Backofen auf 100 °C (Ober-/Unterhitze) vorheizen.

3 Waffeleisen aufheizen und die Backflächen dünn mit Öl einfetten.

4 Einen Klecks Teig in das Eisen geben, Form schließen und die Waffel goldbraun backen.

5 Den restlichen Teig nach und nach zu knusprigen Waffeln backen. Fertige Waffeln im vorgeheizten Backofen warmstellen.

VARIATION Variieren Sie die Waffeln mit Ihren liebsten Käsesorten und mit unterschiedlichen Kräutern.

ENERGIEKUGELN

Gesunder Snack für zwischendurch

streng purinarm

Zubereitungszeit: 10 Minuten
Kühlzeit: 30 Minuten

Eine Kugel enthält

53 kcal / 221 kJ, 1 g Eiweiß,
3 g Fett, 5 g Kohlenhydrate,
1 g Ballaststoffe, 6 mg Harnsäure

Zutaten für 20 Stück

- 70 g Nüsse, z. B. Haselnüsse oder Mandeln
- 100 g Datteln ohne Stein
- 50 g getrocknete Cranberrys
- ½ TL Zimt
- 2 EL Sesam

Zubereitung

1 Nüsse, Trockenfrüchte und Zimt im Mixer zerkleinern, bis die Zutaten gut vermengt sind und eine homogene Masse entstanden ist.

2 Mit feuchten Händen 20 kleine Kugeln aus der Masse formen. Die Kugeln in Sesam wälzen und 30 Minuten in den Kühlschrank stellen, damit sie fest werden.

VARIANTEN Bei diesem Rezept sind der Fantasie keine Grenzen gesetzt. Probieren Sie verschiedene Nusssorten aus, z. B. Walnüsse, Cashewkerne, Macadamianüsse, oder auch andere Trockenfrüchte, z. B. Rosinen, Kirschen, Feigen oder Aprikosen. Wälzen können Sie die Kugeln auch in Kokosraspeln, Leinsamen oder gehackten Pistazien.

TIPP Energiekugeln sind ein tolles Geschenk!

KNUSPERBROT

Leckere Resteverwertung

streng purinarm

Zubereitungszeit: 5 Minuten
Backzeit: 15 Minuten

Eine Portion enthält
171 kcal / 715 kJ, 3 g Eiweiß, 8 g Fett, 21 g Kohlenhydrate, 2 g Ballaststoffe, 23 mg Harnsäure

Zutaten für 2 Portionen

- 1 Knoblauchzehe
- 1 EL Olivenöl
- 1 Handvoll frische Kräuter, z. B. Petersilie, Basilikum, Thymian, Oregano
- 3 dünne Brotscheiben (ca. 0,5 mm)

Zubereitung

1 Den Backofen auf 200 °C (Ober-/Unterhitze) vorheizen. Ein Backblech mit Backpapier belegen.

2 Knoblauchzehe schälen und sehr fein würfeln. Kräuter waschen, trocknen, Blättchen abzupfen und fein hacken. Knoblauch und Kräuter mit dem Olivenöl vermengen.

3 Die Brotscheiben aufs Backblech legen und das Kräuter-Knoblauch-Öl darüberträufeln. Im heißen Ofen 10–15 Minuten knusprig backen.

TIPP Das Brot sollte mindestens drei Tage alt sein, damit es sich mit der Brotschneidemaschine oder mit einem scharfen Brotmesser wirklich dünn aufschneiden lässt.

GURKENSNACK MIT HÜTTENKÄSE

Schmeckt nach Griechenland

streng purinarm

Zubereitungszeit: 10 Minuten

Eine Portion enthält
129 kcal / 541 kJ, 12 g Eiweiß, 6 g Fett, 6 g Kohlenhydrate, 1 g Ballaststoffe, 22 mg Harnsäure

Zutaten für 2 Portionen

- 1 Salatgurke
- 100 g Hüttenkäse
- 30 g Schafskäse
- 1 Knoblauchzehe
- 1 Stängel Dill
- Pfeffer
- 1 TL weißer Balsamicoessig

Zubereitung

1 Gurke waschen, putzen und in ca. 2 cm dicke Scheiben schneiden.

2 Hüttenkäse in eine kleine Schüssel geben, Schafskäse hineinbröckeln und mit dem Hüttenkäse vermengen.

3 Knoblauchzehe schälen und fein würfeln. Dill waschen, trocknen und fein hacken. Knoblauch und Dill unter die Käsemischung rühren, pfeffern und mit Essig abschmecken. Käse auf den Gurkenscheiben verteilen, dann servieren.

CAPRESE-AVOCADO-SPIESSCHEN

Dekorativ und köstlich

streng purinarm

Zubereitung

1 Basilikum waschen, trocknen, Blättchen abzupfen und fein hacken.

2 Mozzarellakugeln abtropfen lassen. Eine Marinade aus Basilikum, Essig, Salz und Pfeffer bereiten und die Mozzarellakugeln darin 30 Minuten einlegen.

3 Tomaten waschen und trocknen. Stein der Avocado entfernen, das Fruchtfleisch mit einem Löffel aus der Schale heben und in ca. 1 cm große Würfel schneiden. Avocadowürfel mit Zitronensaft beträufeln.

4 Tomaten, Mozzarellakugeln und Avocadowürfel abwechselnd auf die Spieße stecken und bald servieren.

Zubereitungszeit: 10 Minuten
Zeit zum Durchziehen: 30 Minuten

Eine Portion enthält
166 kcal / 694 kJ, 6 g Eiweiß, 15 g Fett, 2 g Kohlenhydrate, 2 g Ballaststoffe, 23 mg Harnsäure

Zutaten für 2 Portionen

1 Stängel Basilikum
50 g kleine Mozzarellakugeln
1 EL Balsamicoessig
Salz, Pfeffer
150 g Cocktailtomaten
½ reife Avocado
1 EL Zitronensaft
Außerdem:
Spießchen

SANDWICH MIT MEDITERRANEM GEMÜSE

Schnelles Mittagessen mit fertigem Ofengemüse

Zubereitung

1 Zwei Toastscheiben jeweils mit der Hälfte des Ofengemüses belegen.

2 Mozzarella in Scheiben schneiden und auf dem Gemüse verteilen. Die übrigen Sandwichscheiben obenauf legen und fest andrücken.

3 Das Öl in einer beschichteten Pfanne erhitzen und die Sandwiches darin von beiden Seiten goldbraun rösten. Sofort servieren.

Zubereitungszeit: 15 Minuten

Eine Portion enthält
571 kcal / 2387 kJ, 18 g Eiweiß, 26 g Fett, 65 g Kohlenhydrate, 14 g Ballaststoffe, 130 mg Harnsäure

Zutaten für 2 Portionen

4 Scheiben Vollkorn-Sandwichtoast
1 Portion Mediterranes Ofengemüse (siehe Rezept Seite 186)
50 g Mozzarella
1 EL Olivenöl

AVOCADO-APFEL-BROT

Stillt vollwertig den kleinen Hunger

Zubereitungszeit: 15 Minuten

Eine Portion enthält

427 kcal / 1785 kJ, 10 g Eiweiß,
29 g Fett, 31 g Kohlenhydrate,
10 g Ballaststoffe, 80 mg Harnsäure

Zutaten für 2 Portionen

- 2 große Scheiben Vollkornbrot
- 1 reife Avocado
- 1 Apfel
- 2 EL Zitronensaft
- 2 EL Frischkäse, fettreduziert
- Salz, Pfeffer
- 2 EL Kresse

Zubereitung

1 Brotscheiben knusprig toasten.

2 Die Avocado halbieren, Stein entfernen und das Fruchtfleisch mit einem Löffel aus der Schale heben. Ein Viertel des Fruchtfleischs in schmale Spalten schneiden und beiseitelegen.

3 Den Apfel waschen, halbieren, Kerngehäuse herausschneiden und die Apfelhälften in schmale Spalten schneiden. Apfel- und Avocadospalten mit der Hälfte des Zitronensaftes beträufeln.

4 Restliche Avocado mit einer Gabel grob zerdrücken. Frischkäse mit dem übrigen Zitronensaft unter das Avocadomus mengen. Mit Salz und Pfeffer kräftig würzen.

5 Die Brotscheiben mit dem Aufstrich bestreichen, Apfel- und Avocadospalten darauf verteilen und das Ganze mit Kresse bestreuen.

HINWEIS Avocadopflanzen benötigen sehr viel Wasser und kommen überwiegend aus Übersee zu uns. Achten Sie daher auf einen maßvollen Verzehr und bevorzugen Sie Avocados aus dem Mittelmeerraum.

SALATE

BLATTSALAT MIT MANGODRESSING

Salatplatte mit fruchtiger Note

streng purinarm

Zubereitungszeit: 10 Minuten

Eine Portion enthält

69 kcal / 288 kJ, 2 g Eiweiß,
4 g Fett, 6 g Kohlenhydrate,
2 g Ballaststoffe, 18 mg Harnsäure

Zutaten für 2 Portionen

- 50 g Feldsalat
- 1 Handvoll Rucolablätter
- 30 g Radicchiosalat
- ½ reife Mango
- 1 kleine Schalotte
- 1 TL Olivenöl
- 1 TL Essig
- 50 g Naturjoghurt, 1,5 % Fett
- Salz, Pfeffer
- 1 EL Schnittlauchröllchen

Zubereitung

1 Alle Blattsalate waschen, putzen und verlesen. Salatblätter gut abtropfen lassen oder mit einer Salatschleuder trockenschleudern.

2 Mango schälen, den Kern entfernen und das Fruchtfleisch in kleine Würfel schneiden. Schalotte schälen und fein würfeln. Aus Olivenöl, Essig, Joghurt, Salz, Pfeffer und Schnittlauch ein Dressing herstellen und mit den Mangowürfeln mischen.

3 Blattsalate auf zwei Tellern verteilen und das Dressing darübergeben.

FRÜHLINGSFRISCHER SPINATSALAT

Würzig-scharf mit Brunnenkresse

streng purinarm

Zubereitung

1 Spinat und Brunnenkresse waschen, verlesen und gut abtropfen lassen. Dill waschen, trocknen und fein hacken.

2 Aus Joghurt, Zitronensaft, Salz, Pfeffer und Zucker ein Dressing herstellen. Dressing und Dill zum Spinat und der Brunnenkresse geben und alles locker, aber gründlich vermischen. Den Salat sofort servieren.

VARIATION Babyspinat schmeckt auch lecker zu gemischten Blattsalaten.

Zubereitungszeit: 10 Minuten

Eine Portion enthält

119 kcal / 497 kJ, 3 g Eiweiß,
9 g Fett, 6 g Kohlenhydrate,
2 g Ballaststoffe, 39 mg Harnsäure

Zutaten für 2 Portionen

- 100 g frischer Babyspinat
- 50 g Brunnenkresse
- 2 Stängel Dill
- 50 g Naturjoghurt, 1,5 % Fett
- 1 EL Zitronensaft
- Salz, Pfeffer
- 1 Prise Zucker

FRUCHTIGER SOMMERSALAT

Erfrischend an heißen Tagen

Zubereitungszeit: 15 Minuten

Eine Portion enthält

255 kcal / 1066 kJ, 11 g Eiweiß, 18 g Fett, 12 g Kohlenhydrate, 2 g Ballaststoffe, 50 mg Harnsäure

Zutaten für 2 Portionen

- ½ Salatgurke
- 1 Handvoll Rucola
- ¼ Wassermelone
- 100 g Schafskäse
- 1 EL Olivenöl
- 1 EL Balsamicoessig
- Pfeffer
- ½ Limette

Zubereitung

1 Gurke waschen, putzen und in Würfel schneiden. Rucola waschen. Melone schälen und das Fruchtfleisch würfeln. Schafskäse ebenfalls in Würfel schneiden. Die Zutaten in eine Schüssel geben.

2 Aus Olivenöl, Essig und Pfeffer ein Dressing herstellen. Limette waschen, in Ringe schneiden und zusammen mit dem Dressing über die Salatzutaten geben. Alles gut vermengen.

VARIATION Probieren Sie verschiedene Sorten Melonen und auch gerne zusätzlich Cocktailtomaten aus. Ebenso sorgen unterschiedliche Kräuter wie Zitronenminze oder roter Basilikum für Abwechslung im Sommersalat.

RUCOLA-TOMATEN-SALAT

Am besten mit sonnengereiften Tomaten

streng purinarm

Zubereitungszeit: 15 Minuten

Eine Portion enthält

133 kcal / 556 kJ, 3 g Eiweiß,
11 g Fett, 6 g Kohlenhydrate,
2 g Ballaststoffe, 14 mg Harnsäure

Zutaten für 2 Portionen

2 TL Pinienkerne
2 reife Tomaten
60 g Rucola
1 kleine rote Zwiebel
1 EL Olivenöl
1 EL Balsamicoessig
1 TL Ahornsirup
Salz, Pfeffer

Zubereitung

1 Die Pinienkerne ohne Fett in einer beschichteten Pfanne anrösten, bis sie aromatisch duften. Aus der Pfanne nehmen und abkühlen lassen.

2 Die Tomaten waschen, halbieren, Strunk herausschneiden und die Tomaten in mundgerechte Spalten schneiden. Rucola waschen, gegebenenfalls verlesen und gut abtropfen lassen. Die Zwiebel schälen und in feine Würfel schneiden.

3 Aus Olivenöl, Balsamico, Ahornsirup, Salz und Pfeffer ein Dressing herstellen. Die vorbereiteten Salatzutaten auf zwei Teller verteilen und das Dressing darüberträufeln.

VARIATION Für bunte Abwechslung sorgen gelbe, orangene, gestreifte oder unterschiedlich farbige Tomaten.

FRÜHLINGSSALAT

Köstlich und knackig

Zubereitungzeit: 20 Minuten

Eine Portion enthält

113 kcal / 472 kJ, 3 g Eiweiß,
8 g Fett, 6 g Kohlenhydrate,
4 g Ballaststoffe, 42 mg Harnsäure

Zutaten für 2 Portionen

500 g weißer Spargel
Salz
100 g Radieschen
60 g Blattsalat
1 kleine rote Zwiebel
½ Bund Schnittlauch
1 EL Olivenöl
1 EL Weißweinessig
1 Prise Zucker
Salz, Pfeffer

Zubereitung

1 Spargel waschen, putzen, schälen und in ca. 3 cm lange Stücke schneiden. Reichlich Salzwasser zum Kochen bringen. Die Spargelstücke darin ca. 8 Minuten garen. Spargel aus dem Wasser nehmen und abtropfen lassen.

2 Radieschen waschen, putzen und in schmale Scheiben schneiden. Blattsalat putzen, mundgerecht zerpflücken und gründlich waschen.

3 Die Zwiebel schälen, halbieren und in kleine Würfel schneiden. Schnittlauch waschen, trocknen und in schmale Röllchen schneiden.

4 Olivenöl mit Essig, Zucker, Salz und Pfeffer zu einem Dressing verrühren. Zwiebelwürfel und Schnittlauchröllchen daruntermischen.

5 Vorbereiteten Salat, Spargel und Radieschen in eine Schüssel geben, mit Dressing übergießen und alles gründlich vermengen. Salat auf zwei Tellern anrichten.

BLATTSALAT MIT KÜRBIS

Farb- und Geschmacksexplosion

streng purinarm

Zubereitung

1 Den Lollo rosso putzen. Salatblätter in mundgerechte Stücke zerpflücken, in kaltem Wasser waschen und gut abtropfen lassen. Zwiebel und Knoblauch schälen und in feine Würfel schneiden.

2 Kürbis waschen, putzen, schälen und mit der Küchenreibe grob raffeln. Weintrauben waschen, trocknen und halbieren, große Trauben gegebenenfalls vierteln.

3 In einer Schüssel beide Öle, Essig, Ahornsirup, Salz und Pfeffer zu einem Dressing verrühren.

4 Die Petersilie waschen, trocknen, Blättchen abzupfen und mit dem Wiegemesser fein zerkleinern. Petersilie mit Zwiebel- und Knoblauchwürfeln unter das Dressing mengen.

5 Salat, Kürbis und Trauben in eine Salatschüssel geben, Dressing darübergießen und alles gründlich vermengen. Salat auf zwei Teller verteilen und mit restlichem Dressing aus der Dressingschüssel beträufeln.

Zubereitungszeit: 20 Minuten

Eine Portion enthält

110 kcal / 460 kJ, 2 g Eiweiß,
6 g Fett, 11 g Kohlenhydrate,
3 g Ballaststoffe, 18 mg Harnsäure

Zutaten für 2 Portionen

½ kleiner Kopf Lollo rosso
1 kleine Zwiebel
1 Knoblauchzehe
100 g Butternutkürbis
50 g kernlose blaue Weintrauben
½ EL Olivenöl
1 TL Kürbiskernöl
1 EL Weißweinessig
1 TL Ahornsirup
Salz, Pfeffer
2 Stängel Petersilie

FENCHELROHKOST MIT GRAPEFRUIT

Fenchel einmal anders

streng purinarm

Zubereitungszeit: 20 Minuten

Eine Portion enthält

184 kcal / 765 kJ, 5 g Eiweiß,
14 g Fett, 10 g Kohlenhydrate,
4 g Ballaststoffe, 22 mg Harnsäure

Zutaten für 2 Portionen

1 kleine Fenchelknolle
1 kleine rote Zwiebel
1 EL Pinienkerne
1 kleine rosa Grapefruit
1 EL Olivenöl
1 TL flüssiger Honig, z. B. Akazienhonig
1 TL Dijonsenf
Salz, Pfeffer
½ Bund Schnittlauch

Zubereitung

1 Den Fenchel putzen, halbieren und Strunk herausschneiden. Fenchelhälften mit einem Gemüsehobel in feine Scheiben schneiden. Die Zwiebel schälen und ebenfalls in feine Scheiben hobeln.

2 Pinienkerne in einer beschichteten Pfanne ohne Fett anrösten, bis sie beginnen, aromatisch zu duften.

3 Die Grapefruit so schälen, dass auch die weiße Haut unter der Schale entfernt wird. Mit einem scharfen Messerchen die Fruchtstücke filetieren, den dabei austretenden Saft auffangen.

4 Aus dem Grapefruitsaft, Öl, Honig, Senf, Salz und Pfeffer ein Dressing herstellen. Den Schnittlauch gegebenenfalls verlesen, waschen und in schmale Röllchen schneiden.

5 Alle vorbereiteten Salatzutaten gründlich mit dem Dressing vermischen, mit Schnittlauch bestreuen und servieren.

FRUCHTIGER SELLERIE-KÄSE-SALAT

Bunter Mix mit frischem Obst

Zubereitungszeit: 20 Minuten
Zeit zum Durchziehen: 30 Minuten

Eine Portion enthält
111 kcal / 464 kJ, 6 g Eiweiß,
5 g Fett, 10 g Kohlenhydrate,
3 g Ballaststoffe, 66 mg Harnsäure

Zutaten für 2 Portionen

- 2 Stangen Staudensellerie mit Selleriegrün (ca. 150 g)
- 1 kleiner Apfel
- 1 Handvoll kernlose blaue Weintrauben (ca. 40 g)
- 1 kleines Stück Bergkäse (30 g)
- 1 EL Buttermilch
- 1 EL Zitronensaft
- 1 TL Senf
- 1 Schuss Apfelsaft
- Salz, Pfeffer

Zubereitung

1 Den Sellerie waschen, etwas Grün abschneiden und zur Seite legen. Selleriestangen putzen und in schmale Scheiben schneiden.

2 Den Apfel waschen, trocknen und halbieren, Strunk und Kerngehäuse entfernen und in kleine Würfel schneiden. Die Weintrauben waschen, halbieren, große Trauben gegebenenfalls vierteln. Den Käse in kleine Würfel schneiden.

3 Aus Buttermilch, Zitronensaft, Senf, Apfelsaft, Salz und Pfeffer ein Dressing herstellen. Das aufbewahrte Selleriegrün fein hacken und unter das Dressing mischen.

4 Alle Salatzutaten mit dem Dressing vermischen und 30 Minuten durchziehen lassen.

KNACKIGE BROKKOLIROHKOST

Vitaminreicher Wintersalat

Zubereitungszeit: 20 Minuten

Eine Portion enthält

209 kcal / 874 kJ, 7 g Eiweiß, 15 g Fett, 13 g Kohlenhydrate, 7 g Ballaststoffe, 93 mg Harnsäure

Zutaten für 2 Portionen

- 1 kleiner Brokkoli
- 1 reife Birne
- 2 TL Zitronensaft
- 1 EL Walnussöl
- 1 TL Honig
- Salz, Pfeffer
- 1 EL Walnüsse

Zubereitung

1 Den Brokkoli putzen und die Röschen vom Strunk abschneiden. Röschen in eine Schüssel mit kaltem Salzwasser geben. Strunk schälen und in feine Würfel schneiden.

2 Die Birne waschen, halbieren, Strunk herausschneiden und das Fruchtfleisch in Würfel schneiden. Birnenwürfel mit 1 TL Zitronensaft vermengen.

3 Aus Walnussöl, restlichem Zitronensaft, Honig, Salz und Pfeffer ein Dressing herstellen und über die Birnenwürfel geben.

4 Die Brokkoliröschen abgießen und in feine Stücke schneiden. Die Walnüsse grob hacken und zusammen mit dem Brokkoli unter die Birnenwürfel mischen.

VARIATION Durch den Einsatz verschiedener Essig- und Ölsorten verändert sich der Geschmack des Salates – finden Sie Ihre Lieblingsvariante. Sehr lecker schmeckt ein feines Haselnussöl und ein fruchtiger Apfelessig. Ersetzen Sie die Walnüsse durch gehackte Haselnüsse.

FRUCHTIGER CHICORÉESALAT MIT NÜSSEN

Leckerer Wintersalat

Zubereitung

1 Chicorée halbieren, Strünke entfernen, gegebenenfalls welke Blätter entfernen und den Chicorée in schmale Scheiben schneiden. Die Orange filetieren, dabei Saft auffangen (siehe Kasten). Die Zwiebel schälen und in feine Würfel schneiden.

2 Die Haselnüsse grob zerkleinern. Petersilie waschen, trocknen, Blättchen abzupfen und fein hacken.

3 Aus Joghurt, Walnussöl, aufgefangenem Orangensaft, Senf, Salz und Pfeffer ein Dressing herstellen.

4 Die vorbereiteten Salatzutaten mit dem Dressing vermischen und mit der gehackten Petersilie bestreut servieren.

ORANGEN FILETIEREN Das obere und untere Ende der Orange mit einem scharfen Messerchen so abschneiden, dass das Fruchtfleisch sichtbar wird. Die Orange auf das untere Ende stellen und mit dem Messer die gesamte Schale in Streifen abschneiden. Auch die weiße Haut unter der Schale vollständig vom Fruchtfleisch entfernen.
Die Orange über eine kleine Schüssel halten und die einzelnen Orangefilets zwischen den Trennhäuten herausschneiden. Den dabei austretenden Saft in der Schüssel auffangen. Aus dem verbliebenem Orangenstück mit der Hand den Saft herauspressen.

Zubereitungszeit: 15 Minuten

Eine Portion enthält
171 kcal / 715 kJ, 5 g Eiweiß, 10 g Fett, 14 g Kohlenhydrate, 4 g Ballaststoffe, 42 mg Harnsäure

Zutaten für 2 Portionen

- 2 Chicorée
- 1 Orange
- 1 kleine rote Zwiebel
- 1 EL Haselnüsse
- 2 Stängel Petersilie
- 2 EL Naturjoghurt, 1,5 % Fett
- 1 TL Walnussöl
- 1 TL Senf
- Salz, Pfeffer

BUNTER GEMÜSESALAT

Herzhaft mit knackigen Kernen

Zubereitungszeit: 20 Minuten

Eine Portion enthält

180 kcal / 752 kJ, 8 g Eiweiß,
12 g Fett, 10 g Kohlenhydrate,
6 g Ballaststoffe, 106 mg Harnsäure

Zutaten für 2 Portionen

300 g Brokkoli
4 Champignons
2 EL Maiskörner (aus der Dose)
100 g Cocktailtomaten
1 TL Sonnenblumenkerne
1 TL Pinienkerne
1 EL Walnussöl
1 EL Essig
1 TL Ahornsirup
2 EL Schnittlauchröllchen
Salz, Pfeffer

Zubereitung

1 Den Brokkoli waschen, putzen und in mundgerechte Stücke zerteilen. Die Champignons putzen, Stiele etwas abschneiden und in schmale Scheiben schneiden. Mais abtropfen lassen. Tomaten waschen, trocknen und vierteln.

2 Sonnenblumen- und Pinienkerne ohne Fett in einer beschichteten Pfanne rösten, bis sie aromatisch duften. Aus der Pfanne nehmen und zur Seite stellen.

3 Aus dem Öl, Essig, Ahornsirup, Schnittlauchröllchen, Salz und Pfeffer ein Dressing herstellen.

4 Die vorbereiteten Salatzutaten in eine Schüssel geben und gründlich mit dem Dressing vermengen.

TIPP Der Salat lässt sich super am Vorabend zubereiten und am nächsten Tag mit zur Arbeit nehmen. Mit einem belegtem Käsevollkornbrötchen ergibt er ein gesundes und schnelles Mittagessen.

KARTOFFELSALAT MIT COCKTAILTOMATEN

Schmeckt auch Kindern

Zubereitung

1 Die Kartoffeln waschen und mit Schale ca. 20 Minuten garen, am besten in einem Topf mit Dämpfeinsatz. Abgießen und abkühlen lassen.

2 Schalotten und Knoblauch schälen, in feine Würfel schneiden. Das Olivenöl sanft erhitzen und die Zwiebel- und Knoblauchwürfel darin glasig andünsten. Mit Gemüsebrühe und Essig ablöschen, salzen und pfeffern.

3 Die Tomaten waschen und vierteln. Basilikum waschen, trocknen, Blättchen abzupfen und in schmale Streifen schneiden.

4 Die gekochten Kartoffeln schälen und in Scheiben schneiden. Kartoffelscheiben mit der heißen Brühe übergießen und 1 Stunde durchziehen lassen.

5 Zum Schluss Tomaten und Basilikum unter die Kartoffeln mengen und den Kartoffelsalat abschmecken.

Zubereitungszeit: 15 Minuten
Garzeit: 20 Minuten
Zeit zum Durchziehen: 1 Stunde

Eine Portion enthält
236 kcal / 987 kJ, 6 g Eiweiß,
9 g Fett, 32 g Kohlenhydrate,
6 g Ballaststoffe, 49 mg Harnsäure

Zutaten für 2 Portionen

- 400 g festkochende Kartoffeln
- 2 Schalotten
- 1 Knoblauchzehe
- 1 EL Olivenöl
- 100 ml Gemüsebrühe
- 1 EL Essig
- Salz, Pfeffer
- 150 g Cocktailtomaten
- 2 Stängel Basilikum

BULGURSALAT

Schmeckt nach Sonne und Süden

Zubereitungszeit: 10 Minuten
Zeit zum Durchziehen: 30 Minuten

Eine Portion enthält

333 kcal / 1392 kJ, 13 g Eiweiß, 15 g Fett, 36 g Kohlenhydrate, 6 g Ballaststoffe, 60 mg Harnsäure

Zutaten für 2 Portionen

- 100 g Bulgur
- 2 Lauchzwiebeln
- 150 g Cocktailtomaten
- 60 g Mozzarella
- 2 Stängel Basilikum
- 1 EL Olivenöl
- 1 EL Balsamicoessig
- Salz, Pfeffer
- 1 Prise Zucker

Zubereitung

1 Den Bulgur mit 200 ml kochendem Wasser übergießen und 20 Minuten quellen lassen.

2 Inzwischen die Lauchzwiebeln waschen, putzen und in schmale Ringe schneiden. Die Tomaten waschen und vierteln. Den Mozzarella in kleine Würfel schneiden. Basilikum waschen, trocknen, Blättchen abzupfen und in schmale Streifen schneiden.

3 Aus Olivenöl, Balsamico, Salz, Pfeffer, Zucker ein Dressing herstellen.

4 Das Dressing mit den vorbereiteten Salatzutaten vermengen. Bulgur dazugeben, untermengen und das Ganze 30 Minuten ziehen lassen. Vor dem Servieren noch einmal abschmecken.

NUDELSALAT MIT GEMÜSEKONFETTI

Ein Hit bei jeder Grillparty

Zubereitungszeit: 20 Minuten
Zeit zum Durchziehen: 2 Stunden

Eine Portion enthält

306 kcal / 1277 kJ, 10 g Eiweiß, 10 g Fett, 42 g Kohlenhydrate, 10 g Ballaststoffe, 80 mg Harnsäure

Zutaten für 2 Portionen

- 100 g Vollkornnudeln, z. B. Penne oder Farfalle
- Salz
- 1 rote Paprikaschote
- ½ Salatgurke
- 4 EL Maiskörner (aus der Dose)
- 1 kleine rote Zwiebel
- 1 Knoblauchzehe
- 1 EL Olivenöl
- 1 EL Balsamicoessig
- 1 Schuss Worcestersoße
- Pfeffer, Paprikapulver (edelsüß)
- ½ Bund Schnittlauch

Zubereitung

1 Die Nudeln nach Packungsanweisung in reichlich kochendem Salzwasser bissfest garen. Vor dem Abschütten etwas Nudelwasser abnehmen und zur Seite stellen.

2 Die Paprikaschote waschen, putzen und in kleine Würfel schneiden. Die Gurke waschen, putzen und ebenfalls würfeln. Mais abtropfen lassen. Zwiebel und Knoblauchzehe schälen und fein würfeln.

3 Aus Olivenöl, Balsamico, Worcestersoße, etwas Nudelwasser, Salz, Pfeffer und Paprikapulver ein Dressing herstellen.

4 Schnittlauch waschen, gegebenenfalls verlesen und in feine Röllchen schneiden. Schnittlauchröllchen, Dressing, abgetropfte Nudeln und Gemüsezutaten gründlich vermengen. Den Salat 2 Stunden durchziehen lassen.

ROTKOHLSALAT MIT APFEL

Leckere Kombination aus süß und salzig

Zubereitung

1 Den Rotkohl in feine Streifen schneiden, waschen und abtropfen lassen. Den Apfel waschen, halbieren, Strunk und Kerngehäuse entfernen, in kleine Würfel schneiden. Apfelwürfel und Rotkohlstreifen vermengen.

2 Die Sonnenblumenkerne in einer beschichteten Pfanne ohne Fett anrösten, bis sie beginnen, aromatisch zu duften.

3 Aus Olivenöl, Apfelessig, Pfeffer und Paprikapulver ein Dressing herstellen. Den Schafskäse zerbröckeln und unter das Dressing mischen, gegebenenfalls noch etwas Wasser hinzufügen.

4 Die Petersilie waschen, trocknen, Blättchen abzupfen, fein hacken und zum Dressing geben. Das Dressing über die Salatzutaten gießen, geröstete Kerne zugeben und alles gut vermengen. Den Salat 2 Stunden durchziehen lassen.

Zubereitungszeit: 15 Minuten
Zeit zum Durchziehen: 2 Stunden

Eine Portion enthält
194 kcal / 811 kJ, 6 g Eiweiß,
14 g Fett, 12 g Kohlenhydrate,
4 g Ballaststoffe, 67 mg Harnsäure

Zutaten für 2 Portionen

- 300 g Rotkohl
- 1 Apfel
- 2 TL Sonnenblumenkerne
- 1 EL Olivenöl
- 1 EL Apfelessig
- Pfeffer
- Paprikapulver (edelsüß)
- 30 g Schafskäse
- 1 Stängel Petersilie

GRIECHISCHER BAUERNSALAT

Mit sonnengereiften Tomaten unwiderstehlich

streng purinarm

Zubereitungszeit: 15 Minuten

Eine Portion enthält

116 kcal / 485 kJ, 2 g Eiweiß,
9 g Fett, 7 g Kohlenhydrate,
3 g Ballaststoffe, 22 mg Harnsäure

Zutaten für 2 Portionen

3 reife Tomaten
1 kleine Salatgurke
½ rote Paprikaschote
½ kleine rote Zwiebel
1 EL Olivenöl
1 EL weißer Balsamicoessig
Salz, Pfeffer
1 Prise Zucker
1 Stängel Basilikum

Zubereitung

1 Tomaten waschen, halbieren, Strunk herausschneiden und die Tomaten in mundgerechte Spalten schneiden. Gurke waschen, putzen und in mundgerechte Stücke schneiden. Paprikaschote waschen, putzen und würfeln. Zwiebel schälen und in feine Ringe schneiden.

2 Aus Olivenöl, Balsamico, Salz, Pfeffer und Zucker ein Dressing herstellen. Basilikum waschen, trocknen, Blättchen abzupfen und in feine Streifen schneiden.

3 Dressing und Basilikumstreifen mit dem vorbereiteten Gemüse mischen. Den Salat kurz durchziehen lassen und servieren.

VARIATION Würzige Schafs- und Ziegenkäse und unterschiedliche Basilikumsorten (z. B. rotes Basilikum) sorgen für geschmackliche Abwechslung.

SUPPEN UND EINTÖPFE

KÜRBISCREMESUPPE

Herbstlicher Genuss

Zubereitungszeit: 15 Minuten
Garzeit: 20 Minuten

Eine Portion enthält
235 kcal / 982 kJ, 9 g Eiweiß,
12 g Fett, 21 g Kohlenhydrate,
9 g Ballaststoffe, 72 mg Harnsäure

Zutaten für 2 Portionen

- 1 kleine Zwiebel
- 1 eigroße mehligkochende Kartoffel
- 250 g Butternutkürbis
- 1 Petersilienwurzel
- 1 EL Kürbiskernöl
- 300 ml Gemüsebrühe
- 150 ml Milch, 1,5 % Fett
- Salz, Pfeffer
- frisch geriebene Muskatnuss
- Currypulver
- 2 Stängel Petersilie
- 1 TL Kürbiskerne
- 2 TL saure Sahne

Zubereitung

1 Die Zwiebel schälen und in grobe Würfel schneiden. Kartoffel, Kürbis und Petersilienwurzel waschen, schälen, putzen und ebenfalls grob würfeln.

2 Das Kürbiskernöl in einem größeren Topf erhitzen, Zwiebelwürfel darin glasig dünsten. Das restliche Gemüse zugeben und einige Minuten mitdünsten. Mit Gemüsebrühe ablöschen, aufkochen und alles ca. 15 Minuten köcheln lassen.

3 Die Milch zugeben. Die Suppe mit Salz, Pfeffer, Muskatnuss und Curry würzen. Petersilie waschen, trocknen, Blättchen abzupfen und fein hacken.

4 Die Kürbiskerne in einer beschichteten Pfanne ohne Fett rösten, bis sie aromatisch duften, herausnehmen.

5 Die Suppe im Topf mit dem Pürierstab cremig mixen, gegebenenfalls nochmals abschmecken. Auf zwei Suppenteller verteilen, mit einem Klecks saurer Sahne, Kürbiskernen und Petersilie garnieren und servieren.

TIPP Für die Suppen brauchen Sie Gemüsebrühe. Hierfür verwenden Sie am besten eine Brühe auf Basis der selbst gemachten Gemüsepaste (Rezept Seite 104) oder die Gemüse-Pilz-Brühe (Rezept Seite 118).

BROKKOLICREMESUPPE

Mit knusprigen Mandelblättchen

Zubereitungszeit: 40 Minuten

Eine Portion enthält
265 kcal / 1108 kJ, 18 g Eiweiß,
16 g Fett, 13 g Kohlenhydrate,
7 g Ballaststoffe, 126 mg Harnsäure

Zutaten für 2 Portionen

- 300 g Brokkoli
- 1 eigroße mehligkochende Kartoffel
- 1 Zwiebel
- 1 EL Rapsöl
- 300 ml Gemüsebrühe
- 2 EL Mandelblättchen
- 1 Schmelzkäseecke, 30 % Fett i. Tr. (ca. 30 g)
- Salz, Pfeffer

Zubereitung

1 Den Brokkoli putzen und in Röschen zerteilen. Röschen in kaltem Salzwasser ca. 10 Minuten stehen lassen. Inzwischen den Brokkolistrunk schälen und in Würfel schneiden. Die Kartoffel waschen, schälen und ebenfalls würfeln. Zwiebel schälen und in feine Würfel schneiden.

2 Das Rapsöl in einem größeren Topf erhitzen. Die Zwiebelwürfel darin glasig andünsten. Kartoffel- und Brokkolistrunkstücke zugeben und kurz mitdünsten. Die Brokkoliröschen abgießen und mit in den Topf geben. Das Gemüse mit Gemüsebrühe ablöschen, aufkochen lassen und ca. 10 Minuten bei mittlerer Hitze köcheln lassen.

3 Inzwischen die Mandelblättchen in einer beschichteten Pfanne ohne Fett anrösten, bis sie aromatisch duften, herausnehmen.

4 Einige Röschen aus dem Topf nehmen und zur Seite stellen. Schmelzkäse in die Suppe rühren und alles mit Salz und Pfeffer würzen. 5 Minuten köcheln lassen, nach Belieben nachwürzen. Die Suppe mit einem Pürierstab kräftig durchmixen und gegebenenfalls mit etwas Wasser verdünnen.

5 Die Suppe auf zwei Suppenteller verteilen, Brokkoliröschen zugeben, mit Mandelblättchen bestreuen und servieren.

ASIATISCHE LINSENSUPPE

Cremig und pikant

Zubereitungszeit: 10 Minuten

Garzeit: 15 Minuten

Eine Portion enthält

176 kcal / 737 kJ, 7 g Eiweiß,
9 g Fett, 16 g Kohlenhydrate,
4 g Ballaststoffe, 67 mg Harnsäure

Zutaten für 2 Portionen

1 rote Zwiebel
1 Knoblauchzehe
1 Stück Ingwer (ca. 20 g)
1 EL Olivenöl
1 Prise gemahlenes Zitronengras
1 Prise gemahlener Koriander
½ TL Currypulver
4 reife Tomaten
100 g rote Linsen
300 ml Gemüsebrühe
100 ml Kokosmilch
1 TL Sojasoße
Salz, Pfeffer

Zubereitung

1 Die Zwiebel, den Knoblauch und den Ingwer schälen und in feine Würfel schneiden. Das Olivenöl in einem größeren Topf sanft erhitzen und die Würfel darin glasig andünsten. Zitronengras, Koriander und Currypulver zugeben und unter Rühren einige Minuten mitbraten.

2 Die Tomaten waschen, halbieren, putzen und in Würfel schneiden. Zusammen mit den Linsen in den Topf geben und unter Rühren andünsten. Mit der Gemüsebrühe und der Kokosmilch ablöschen und ca. 10 Minuten köcheln lassen.

3 Die Suppe mit Sojasoße, Salz und Pfeffer würzen und servieren.

TIPP Trotz ihres relativ hohen Puringehaltes sind Hülsenfrüchte für Gichtpatienten geeignet, wenn nicht zusätzlich Fleisch oder Wurstwaren gegessen werden.

CREMIGE MARONENSUPPE

Gelingt leicht, schmeckt großartig

Zubereitungszeit: 10 Minuten
Garzeit: 20 Minuten

Eine Portion enthält

297 kcal / 1240 kJ, 9 g Eiweiß, 12 g Fett, 36 g Kohlenhydrate, 8 g Ballaststoffe, 60 mg Harnsäure

Zutaten für 2 Portionen

- ½ Gemüsezwiebel
- 1 eigroße mehligkochende Kartoffel
- 1 EL Rapsöl
- 150 g gegarte Maronen
- 400 ml Gemüsebrühe
- 1 EL Frischkäse, fettreduziert
- Salz, Pfeffer
- 1 Stängel Petersilie

Zubereitung

1 Die Zwiebel schälen und in feine Würfel schneiden. Die Kartoffel waschen, schälen und in Würfel schneiden.

2 Rapsöl in einem mittelgroßen Topf erhitzen und die Zwiebelwürfel darin glasig andünsten. Kartoffelwürfel und Maronen zugeben und einige Minuten mitdünsten. Mit der Gemüsebrühe ablöschen. Die Suppe aufkochen und 15–20 Minuten köcheln lassen.

3 Petersilie waschen, trocknen, Blättchen abzupfen und mit dem Wiegemesser fein zerkleinern. Die Suppe mit dem Pürierstab cremig mixen, gegebenenfalls noch etwas Wasser zugießen. Salzen, pfeffern und mit Petersilie bestreuen.

SAUERKRAUTEINTOPF

Bunter Farbenmix

Zubereitungszeit: 10 Minuten
Garzeit: 15 Minuten

Eine Portion enthält
195 kcal / 817 kJ, 8 g Eiweiß,
10 g Fett, 17 g Kohlenhydrate,
8 g Ballaststoffe, 90 mg Harnsäure

Zutaten für 2 Portionen

- 1 Zwiebel
- 1 kleine Dose Sauerkraut (285 g)
- 1 mittelgroße Kartoffel
- 1 EL Rapsöl
- 300 ml Gemüsebrühe
- 4 EL Maiskörner (aus der Dose)
- 1 Tomate
- Salz, Pfeffer
- 1 Prise Paprikapulver (edelsüß)
- 1 Prise gemahlener Kümmel
- ½ TL getrockneter Majoran

Zubereitung

1 Die Zwiebel schälen und in feine Scheiben schneiden. Das Sauerkraut abtropfen lassen. Die Kartoffel waschen, schälen und in Würfel schneiden.

2 Das Rapsöl sanft in einem Topf erhitzen und Zwiebel darin glasig dünsten. Sauerkraut und Kartoffeln zugeben und unter Rühren andünsten. Mit der Gemüsebrühe ablöschen und den Eintopf ca. 15 Minuten köcheln lassen.

3 Inzwischen den Mais abtropfen lassen. Die Tomate waschen, halbieren, Strunk herausschneiden und die Tomate in Würfel schneiden.

4 Kurz vor Ende der Garzeit die Maiskörner und die Tomatenwürfel in den Topf geben und den Eintopf mit Salz, Pfeffer, Paprikapulver, Kümmel und Majoran würzen.

STECKRÜBENEINTOPF

Kostet fast nichts, sättigt wunderbar

Zubereitung

1 Die Steckrübe waschen, schälen und in ca. 2 cm große Würfel schneiden. Die Kartoffeln waschen, schälen und ebenfalls würfeln. Das Lauchstück putzen, der Länge nach halbieren und unter fließendem kaltem Wasser gründlich waschen. Zwiebel schälen und in feine Würfel schneiden.

2 Rapsöl in einem Topf erhitzen und die Zwiebelwürfel darin knusprig anbraten. Steckrübe, Kartoffeln und Lauch zugeben und kurz mitbraten. Mit Gemüsebrühe ablöschen, Lorbeerblatt zugeben, salzen und pfeffern. Den Eintopf ca. 20 Minuten bei mittlerer Hitze köcheln lassen.

3 Die Petersilie waschen, trocknen, Blättchen abzupfen und fein hacken. Am Ende der Garzeit das Lorbeerblatt entfernen. Den Eintopf mit dem Pürierstab stückig anpürieren, gegebenenfalls noch etwas heißes Wasser zugießen. Eintopf nochmals abschmecken und mit der Petersilie bestreut servieren.

TIPP Für die Gemüsebrühe in den Eintopf-Rezepten verwenden Sie am besten die selbst gemachten Gemüsepaste (Rezept Seite 137).

Zubereitungszeit: 20 Minuten
Garzeit: 20 Minuten

Eine Portion enthält

212 kcal / 886 kJ, 9 g Eiweiß,
9 g Fett, 22 g Kohlenhydrate,
7 g Ballaststoffe, 108 mg Harnsäure

Zutaten für 2 Portionen

- ½ kleine Steckrübe (300–350 g)
- 2 eigroße mehligkochende Kartoffeln
- 1 Stück Lauch (ca. 200–250 g)
- 1 Zwiebel
- 1 EL Rapsöl
- 500 ml Gemüsebrühe
- 1 Lorbeerblatt
- Salz, Pfeffer
- 1 Stängel Petersilie

BLUMENKOHLCREMESUPPE

Preiswert und gut

Zubereitungszeit: 20 Minuten
Garzeit: 20 Minuten

Eine Portion enthält:
140 kcal / 585 kJ, 9 g Eiweiß,
5 g Fett, 15 g Kohlenhydrate,
7 g Ballaststoffe, 113 mg Harnsäure

Zutaten für 2 Portionen

½ kleiner Kopf Blumenkohl
1 kleine Zwiebel
1 kleine Kartoffel
1 TL Rapsöl
400 ml Gemüsebrühe
Salz, Pfeffer
50 ml Milch, 1,5 % Fett
1 EL Schnittlauchröllchen

Zubereitung

1 Den Blumenkohl putzen, waschen, in Röschen zerteilen und in Salzwasser ca. 10 Minuten stehen lassen. Die Zwiebel schälen und in feine Würfel schneiden. Kartoffel waschen, schälen und ebenfalls würfeln.

2 Das Rapsöl in einem Topf erhitzen, Zwiebel- und Kartoffelwürfel darin andünsten. Abgetropfte Blumenkohlröschen zugeben und kurz mitdünsten. Mit der Gemüsebrühe ablöschen. Suppe mit Salz und Pfeffer würzen und ca. 20 Minuten kochen lassen.

3 Die Milch zur Suppe geben und alles mit einem Pürierstab cremig pürieren. Suppe noch einmal abschmecken und mit Schnittlauchröllchen bestreut servieren.

TIPP Statt der Gemüsebrühe aus dem Glas können Sie auch eine selbst gemachte Gemüsebrühe verwenden. Zum Beispiel die Gemüse-Pilz-Brühe von Seite 118.

GEMÜSE-PILZ-BRÜHE

Der Alleskönner

Zubereitungszeit: 30 Minuten
Garzeit: 30 Minuten
Zeit zum Durchziehen: 1 Stunde

Eine Portion (ca. 250 ml) enthält
55 kcal / 230 kJ, 3 g Eiweiß,
1 g Fett, 7 g Kohlenhydrate,
0 g Ballaststoffe, 50 mg Harnsäure

Zutaten für 1 Liter

4 mittelgroße Karotten
1 Stück Sellerie
1 Stange Lauch
2 große Gemüsezwiebeln
2 Tomaten
1 Bund Maggikraut oder Petersilie
30 g getrocknete Pilze
1 TL weiße Pfefferkörner
1 TL Senfkörner
1 Lorbeerblatt
1 Gewürznelke
1 Knoblauchzehe
Salz

Zubereitung

1 Die Karotten, den Sellerie und den Lauch waschen und putzen. Die Zwiebeln schälen. Alle Gemüsesorten in grobe Stücke schneiden. Frische Kräuter waschen, trocknen und grob zerkleinern.

2 Einen großen Topf mit 1 ½ l Wasser füllen. Das vorbereitete Gemüse, die getrockneten Pilze, Pfeffer- und Senfkörner, Lorbeerblatt und Nelke hineingeben. Die Knoblauchzehe schälen und zerdrücken, ebenfalls in den Topf geben und alles erhitzen. Entstehenden Schaum abschöpfen. Brühe bei mittlerer Hitze ca. 30 Minuten kochen lassen.

3 Die Brühe vom Herd nehmen und 1 Stunde ziehen lassen.

4 Zum Schluss ein Sieb mit einem sauberen Küchentuch auslegen. Die fertige Brühe behutsam durchs Sieb gießen. Erst jetzt mit Salz abschmecken.

TIPP Die Gemüse-Pilz-Brühe ist eine hervorragende Basis für Suppen oder auch für Soßen. Bereiten Sie gleich die doppelte Menge zu, und frieren Sie die Brühe portionsweise ein! So haben Sie immer einen Vorrat zur Hand.

ZUCCHINISUPPE MIT PARMESANSPÄNEN

Gelingt schnell, schmeckt köstlich

Zubereitung

1 Die Zucchini waschen, putzen und in Würfel schneiden. Die Kartoffel waschen, schälen und ebenfalls würfeln. Schalotten und Knoblauchzehe schälen und fein würfeln.

2 Das Olivenöl in einem größeren Topf vorsichtig erhitzen, Schalotten- und Knoblauchwürfel darin glasig andünsten. Zucchini- und Kartoffelwürfel zugeben und einige Minuten mitdünsten. Mit Gemüsebrühe aufgießen, salzen, pfeffern und ca. 15 Minuten köcheln lassen.

3 Die Suppe mit dem Pürierstab cremig mixen, gegebenenfalls noch mit etwas Wasser verdünnen. Alles noch einmal mit Salz, Pfeffer und Balsamicoessig abschmecken.

4 Parmesan in feine Scheiben hobeln und die Suppe damit bestreuen.

Zubereitungszeit: 10 Minuten
Garzeit: 15 Minuten

Eine Portion enthält
201 kcal / 840 kJ, 9 g Eiweiß, 13 g Fett, 12 g Kohlenhydrate, 3 g Ballaststoffe, 65 mg Harnsäure

Zutaten für 2 Portionen

1 mittelgroße Zucchini
1 eigroße mehligkochende Kartoffel
2 Schalotten
1 Knoblauchzehe
1 EL Olivenöl
300 ml Gemüsebrühe
Salz, Pfeffer
1 TL Balsamicoessig
20 g Parmesan

KÄSEKLÖSSCHEN

Lecker in klaren Suppen

streng purinarm

Zubereitungszeit: 10 Minuten
Garzeit: 15 Minuten

Eine Portion enthält

228 kcal / 953 kJ, 10 g Eiweiß, 12 g Fett, 21 g Kohlenhydrate, 2 g Ballaststoffe, 22 mg Harnsäure

Zutaten für 2 Portionen

- 1 Stängel Petersilie
- 1 kleines Stück Emmentaler, 30 % Fett i. Tr. (ca. 20 g)
- 125 ml Milch, 1,5 % Fett
- 1 EL Butter (15 g)
- Salz, Pfeffer
- frisch geriebene Muskatnuss
- 50 g Hartweizengrieß
- 1 kleines Ei

Zubereitung

1 Die Petersilie waschen, trocknen, Blättchen abzupfen und fein hacken. Den Käse fein reiben.

2 Petersilie, Käse, Milch, Butter, Salz, Pfeffer und Muskatnuss in einen kleinen Topf geben und unter Rühren zum Kochen bringen. Sobald die Milch kocht, den Grieß einrieseln lassen. Die Masse so lange rühren, bis sie sich in einem dicken Klumpen vom Topfboden löst. Den Teig aus dem Topf nehmen und abkühlen lassen.

3 Das Ei unter den Teig mengen. Mit zwei Löffeln Klößchen abstechen. Die Klößchen in kochendes, gesalzenes Wasser legen und ca. 10 Minuten bei mittlerer Hitze gar ziehen lassen. Klößchen aus dem Kochwasser heben und nach Belieben weiterverwenden.

TIPP Achten Sie darauf, dass das gesalzene Wasser nicht sprudelnd kocht, sondern nur leicht simmert. Sonst zerfallen die Klößchen. Die fertigen Käseklößchen geben Sie als Einlage in heiße Brühe, z. B. eine würzige Gemüse-Pilz-Brühe (siehe Rezept Seite 118).

TOMATENKLÖSSCHEN

Köstlich und schnell fertig

streng purinarm

Zubereitungszeit: 10 Minuten
Quellzeit: 10 Minuten
Garzeit: 10 Minuten

Eine Portion enthält

244 kcal / 1020 kJ, 7 g Eiweiß, 15 g Fett, 21 g Kohlenhydrate, 2 g Ballaststoffe, 30 mg Harnsäure

Zutaten für 2 Portionen

- 25 g Butter
- 50 g Paniermehl
- 1 ½ EL Tomatenmark
- Salz, Pfeffer
- getrocknete Kräuter, z. B. Basilikum, Thymian, Oregano
- 1 Ei

Zubereitung

1 Die Butter in einem kleinen Topf schmelzen. Paniermehl, Tomatenmark und Ei unterrühren und alles gut vermengen. Den Teig mit Salz, Pfeffer und Kräutern würzen. Zur Seite stellen und ca. 10 Minuten quellen lassen.

2 Inzwischen gesalzenes Wasser zum Kochen bringen.

3 Mit feuchten Händen kleine Klöße aus dem Teig formen. Die Klößchen in kochendes Wasser legen und ca. 10 Minuten bei mittlerer Hitze gar ziehen lassen. Klößchen aus dem Kochwasser heben und nach Belieben weiterverwenden.

TIPP Genießen Sie die Tomatenklößchen als Einlage in einer klaren Brühe, z. B. einer Gemüse-Pilz-Brühe (siehe Rezept Seite 118).

BOHNENEINTOPF

Schmeckt nach Wildem Westen

Zubereitung

1 Die Zwiebel und die Knoblauchzehe schälen und fein würfeln. Die grünen Bohnen waschen, putzen und in etwa 2 cm lange Stücke schneiden. Die Paprikaschote waschen, halbieren, halbieren, putzen und in etwa 2 cm große Würfel schneiden.

2 Das Olivenöl in einem Topf erhitzen. Zwiebel- und Knoblauchwürfel darin glasig andünsten. Grüne Bohnen- und Paprikastücke zugeben und einige Minuten mitdünsten. Mit 200 ml Wasser ablöschen, aufkochen lassen, die Tomaten und weißen Bohnen zugeben. Den Eintopf ca. 10 Minuten köcheln lassen.

3 Den Thymian waschen, trocknen und die Blättchen abzupfen. Den Eintopf mit Thymian, Salz und Pfeffer würzen. Zum Schluss den Schafskäse zerbröckeln und über den Eintopf streuen.

Zubereitungszeit: 20 Minuten
Garzeit: 10 Minuten

Eine Portion enthält

238 kcal / 995 kJ, 12 g Eiweiß, 12 g Fett, 20 g Kohlenhydrate, 10 g Ballaststoffe, 106 mg Harnsäure

Zutaten für 2 Portionen

- 1 Zwiebel
- 1 Knoblauchzehe
- 100 g grüne Bohnen
- 1 gelbe Paprikaschote
- 1 EL Olivenöl
- 1 Dose stückige Tomaten (400 g)
- ½ Dose weiße Bohnen (200 g)
- 2 Zweige Thymian
- Salz, Pfeffer
- 30 g Schafskäse

KÄSE-LAUCH-SUPPE

Herrlich cremig

streng purinarm

Zubereitungszeit: 10 Minuten
Garzeit: 20 Minuten

Eine Portion enthält

177 kcal / 740 kJ, 12 g Eiweiß,
11 g Fett, 8 g Kohlenhydrate,
4 g Ballaststoffe, 114 mg Harnsäure

Zutaten für 2 Portionen

1 Stange Lauch (ca. 350 g)
1 Knoblauchzehe
1 EL Rapsöl
500 ml Gemüsebrühe
1 Schmelzkäseecke, fettreduziert (ca. 30 g)
Salz, Pfeffer

Zubereitung

1 Den Lauch putzen, halbieren und unter fließend kaltem Wasser gründlich waschen. Lauch in schmale Ringe schneiden, diese nochmals waschen und gut abtropfen lassen. Knoblauchzehe schälen und in feine Würfel schneiden.

2 Das Rapsöl sanft erhitzen, Knoblauchwürfel darin glasig andünsten. Lauchringe zugeben und einige Minuten mitdünsten. Die Gemüsebrühe angießen, aufkochen lassen und die Suppe 15 Minuten köcheln lassen.

3 Den Schmelzkäse unter die Suppe rühren, bis der Käse geschmolzen ist. Mit Salz und Pfeffer abschmecken und genießen.

TIPP Zu diesem Rezept passt die Gemüse-Pilz-Brühe (Rezept Seite 118) sehr gut.

CHILI SIN CARNE

Macht auch ohne Fleisch glücklich

Zubereitungszeit: 15 Minuten
Garzeit: 15 Minuten

Eine Portion enthält
238 kcal / 995 kJ, 10 g Eiweiß,
9 g Fett, 28 g Kohlenhydrate,
7 g Ballaststoffe, 94 mg Harnsäure

Zutaten für 2 Portionen

- 1 kleine Zwiebel
- 2 Knoblauchzehen
- 1 kleine rote Chilischote
- 125 g Kidneybohnen (aus der Dose)
- 3 Tomaten
- 1 EL Olivenöl
- 1 EL Tomatenmark
- 2 EL Reis
- 300 ml Gemüsebrühe
- Salz, Pfeffer
- Paprikapulver (edelsüß), Cayennepfeffer

Zubereitung

1 Zwiebel und Knoblauch schälen und fein würfeln. Chilischote waschen, halbieren, putzen und ebenfalls fein würfeln. Kidneybohnen abtropfen lassen. Tomaten waschen, halbieren, Strunk entfernen und die Tomaten in ca. 2 cm große Würfel schneiden.

2 Das Öl in einem Topf erhitzen. Die Zwiebel- und Knoblauchwürfel darin glasig dünsten. Tomatenmark und Reis zugeben und einige Minuten mitdünsten. Die Tomatenwürfel zugeben und einige weitere Minuten mitköcheln. Die Gemüsebrühe angießen und aufkochen.

3 Den Eintopf mit Salz, Pfeffer, Paprikapulver und Cayennepfeffer würzen und ca. 15 Minuten köcheln lassen.

TIPP Verfeinern können Sie das Chili mit einem Klecks Naturjoghurt und frisch gehackten Kräutern.

BUNTER NUDELEINTOPF

Ideal für Gemüsereste

Zubereitung

1 Die Karotte, den Lauch und den Staudensellerie waschen, putzen und in kleine Stücke schneiden. Das Gemüse und die Gemüsebrühe in einem größeren Topf zum Kochen bringen. Eintopf salzen, pfeffern und ca. 10 Minuten köcheln lassen.

2 Maggikraut und Petersilie waschen, trocknen, die Blättchen abzupfen und fein hacken.

3 Die Kräuter und die Suppennudeln zur Brühe geben. Den Eintopf weitere 5 Minuten köcheln lassen. Zum Schluss mit Salz und Pfeffer abschmecken.

TIPP Verarbeiten Sie einfach alle Gemüsereste aus dem Kühlschrank und vermeiden Sie damit die Verschwendung von Lebensmitteln.

Zubereitungszeit: 10 Minuten
Garzeit: 15 Minuten

Eine Portion enthält
161 kcal / 673 kJ, 10 g Eiweiß,
2 g Fett, 26 g Kohlenhydrate,
7 g Ballaststoffe, 125 mg Harnsäure

Zutaten für 2 Portionen

1 Karotte (ca. 100 g)
1 Stück Lauch (ca. 100 g)
1 Stange Staudensellerie (ca. 100 g)
500 ml Gemüsebrühe
Salz, Pfeffer
1 Stängel Maggikraut
1 Stängel Petersilie
50 g Suppennudeln

SOSSEN UND DIPS

GRILLKETCHUP

Würzig, süß, aromatisch

Zubereitungszeit: 15 Minuten
Garzeit: 45 Minuten

Eine Portion (40 ml) enthält
46 kcal / 194 kJ, 0 g Eiweiß,
0 g Fett, 11 g Kohlenhydrate,
0 g Ballaststoffe, 4 mg Harnsäure

Zutaten für 2 Gläser

½ Gemüsezwiebel
6 Knoblauchzehen
250 g Tomaten
250 g Zwetschgen
½ rote Chilischote
1 EL mildes Currypulver
½ EL Salz
½ TL Pfeffer
200 g brauner Zucker
100 g Weißweinessig
Außerdem:
2 Twist-off-Gläser à 400 ml

Zubereitung

1 Die Zwiebel und die Knoblauchzehen schälen und grob zerkleinern. Die Tomaten waschen, halbieren, Strunk entfernen und die Tomaten ebenfalls grob zerteilen. Die Zwetschgen waschen, halbieren, Stein entfernen und vierteln. Die Chilischote waschen, halbieren, putzen und fein würfeln.

2 Den Backofen auf 100 °C (Ober-/Unterhitze) vorheizen.

3 Die vorbereiteten Zutaten in einen Topf geben. Mit Curry, Salz, Pfeffer, Zucker und Essig würzen. Alles bei großer Hitze unter Rühren zum Kochen bringen. Die Masse anschließend ca. 45 Minuten köcheln lassen.

4 In der Zwischenzeit die Gläser mit heißem Wasser ausspülen und im vorgeheizten Backofen 10 Minuten sterilisieren.

5 Den Ketchup am Ende der Garzeit mit dem Pürierstab fein pürieren und in die vorbereiteten Gläser füllen. Die Gläser sofort mit Deckeln verschließen.

TIPP Der Grillketchup hält sich im Glas mindestens 6 Monate. Wenn Sie im Spätsommer viele reife Tomaten und Pflaumen haben, können Sie das Rezept einfach verdoppeln. Der Ketchup schmeckt im Winter auch zu Käse und ist ein prima Mitbringsel.

MOJO ROJO

Scharfe kanarische Soße

streng purinarm

Zubereitungszeit: 10 Minuten

Eine Portion (15 g) enthält
76 kcal / 317 kJ, 0 g Eiweiß,
8 g Fett, 1 g Kohlenhydrate,
0 g Ballaststoffe, 3 mg Harnsäure

Zutaten für 1 Glas

- 2 rote Chilischoten
- 5 Knoblauchzehen
- 2 EL Tomatenmark
- 1 EL Weißweinessig
- 2 TL gemahlener Kreuzkümmel
- 1 TL Paprikapulver (edelsüß)
- ½ TL Salz
- 100 ml Olivenöl

Außerdem:

- 1 Twist-off-Glas à 200 ml

Zubereitung

1 Das Glas mit Deckel in heißem Wasser ca. 10 Minuten köcheln lassen.

2 Inzwischen die Chilischoten waschen, halbieren, putzen und grob zerkleinern. Die Knoblauchzehen schälen und in grobe Stücke schneiden.

3 Chili- und Knoblauchwürfel zusammen mit dem Tomatenmark und dem Essig in ein hohes Gefäß geben. Die Zutaten mit dem Pürierstab zu einer homogenen Masse verarbeiten. Kreuzkümmel und Paprika zugeben. Nach und nach unter ständigem Pürieren das Olivenöl zugießen.

4 Das Schraubglas aus dem heißen Wasser nehmen, die Soße einfüllen und das Glas sofort mit dem Deckel verschließen.

TIPP Die Mojo rojo hält sich im Kühlschrank ca. 4 Wochen, im geöffneten Glas ca. 10 Tage. Achten Sie beim Entnehmen darauf, immer einen sauberen Löffel zu verwenden.

CHAMPIGNONSOSSE

Passt zu Semmelknödeln

Zubereitungszeit: 10 Minuten
Garzeit: 10 Minuten

Eine Portion enthält

139 kcal / 581 kJ, 7 g Eiweiß,
9 g Fett, 7 g Kohlenhydrate,
4 g Ballaststoffe, 105 mg Harnsäure

Zutaten für 2 Portionen

300 g braune Champignons
1 Zwiebel
1 EL Rapsöl
1 EL Vollkornmehl
150 ml Gemüsebrühe
50 ml Milch, 1,5 % Fett
Salz, Pfeffer
frisch geriebene Muskatnuss

Zubereitung

1 Die Champignons putzen, Stiele etwas kürzen. Die Pilze mit Küchenkrepp vorsichtig abreiben und in Scheiben schneiden. Die Zwiebel schälen und in feine Würfel schneiden.

2 Das Rapsöl sanft erhitzen. Die Zwiebelwürfel darin glasig andünsten, Pilze zugeben und einige Minuten mitbraten. Das Mehl über die Pilze stäuben und 1 Minute mitbraten.

3 Alles mit der Gemüsebrühe ablöschen, aufkochen und ca. 5 Minuten köcheln lassen. Die Milch zugießen. Soße mit Salz, Pfeffer und Muskatnuss würzen.

TIPP Das Rezept für die Semmelknödel zur Soße finden Sie auf Seite 172.
Besonders purinarm wird die Soße, wenn Sie anstelle der Champignons die gleiche Menge an Pfifferlingen verwenden – diese liefern nur die Hälfte an Harnsäure.

GEMÜSESOSSE MIT OLIVEN

Perfekt zu Nudeln oder Reis

Zubereitungszeit: 10 Minuten
Garzeit: 30 Minuten

Eine Portion enthält
190 kcal / 794 kJ, 3 g Eiweiß,
13 g Fett, 13 g Kohlenhydrate,
4 g Ballaststoffe, 42 mg Harnsäure

Zutaten für 2 Portionen

½ Gemüsezwiebel
1 Knoblauchzehe
1 rote Paprikaschote
½ Zucchini
1 TL Olivenöl
1 EL Tomatenmark
200 g passierte Tomaten (aus der Dose)
1 EL schhwarze Oliven ohne Stein
Salz, Pfeffer
1 Prise Zucker
1 TL Balsamicoessig

Zubereitung

1 Die Zwiebel und die Knoblauchzehe schälen und in feine Würfel schneiden. Die Paprikaschote waschen, halbieren, putzen und in kleine Würfel schneiden. Zucchini waschen, putzen und ebenfalls würfeln.

2 Das Olivenöl sanft erhitzen. Zwiebel- und Knoblauchwürfel darin glasig andünsten. Die vorbereiteten Gemüsewürfel und Tomatenmark zugeben und kurz mitrösten. Mit 150 ml Wasser und den passierten Tomaten ablöschen.

3 Die Soße mit Salz, Pfeffer, Zucker und Essig würzen, Oliven zugeben und ca. 20 Minuten bei niedriger Hitze einkochen lassen.

VANILLE-EXTRAKT

Schlägt jedes Fertigprodukt

streng purinarm

Zubereitung

1 Den Backofen auf 100 °C (Umluft) vorheizen.

2 Die Gläserdeckel in den Wasserkocher legen, reichlich Wasser einfüllen und zum Kochen bringen. Kochendes Wasser in die Gläschen füllen, kurz stehen lassen. Wasser wieder aus den Gläschen gießen. Die Gläschen umgedreht ca. 10 Minuten im heißen Ofen sterilisieren.

3 Den Zucker mit 100 ml Wasser in einen kleinen Topf geben, aufkochen und sirupartig einkochen lassen.

4 Die Vanilleschoten in ca. 1 cm lange Stücke schneiden und mit dem Zuckersirup in ein hohes Gefäß geben. Vanille und Sirup mit dem Pürierstab oder mit der Küchenmaschine so lange mixen, bis eine homogene Masse entsteht. Das kann einige Minuten dauern.

5 Die Vanillemasse in die vorbereiteten Gläschen füllen, Deckel verschließen und abkühlen lassen. Im Kühlschrank aufbewahren.

TIPP Vanille-Extrakt eignet sich zum Verfeinern von Süßspeisen, Müslis, Smoothies und zum Backen. Und natürlich ist ein hübsch verpacktes Gläschen ein tolles Mitbringsel.

Verwenden Sie bei jeder Entnahme einen sauberen Löffel, dann hält sich der Vanille-Extrakt mehrere Monate im Kühlschrank.

Zubereitungszeit: 15 Minuten

Eine Portion (2 g) enthält

12 kcal/51 kJ, 0 g Eiweiß,
0 g Fett, 3 g Kohlenhydrate,
0 g Ballaststoffe, 0 mg Harnsäure

Zutaten für ca. 4 Gläschen

100 g Zucker

6 Vanilleschoten

Außerdem:

4 kleine Twist-off-Gläser à 25 ml

FETADIP

Würzig, mit Ajvar

streng purinarm

Zubereitungszeit: 10 Minuten

Eine Portion enthält
91 kcal / 380 kJ, 8 g Eiweiß,
5 g Fett, 2 g Kohlenhydrate,
0 g Ballaststoffe, 10 mg Harnsäure

Zutaten für 2 Portionen

- 50 g Schafskäse
- 2 geh. EL Magerquark
- 1 EL Ajvar (aus dem Glas)
- Pfeffer

Zubereitung

Den Schafskäse in eine kleine Schüssel geben und mit der Gabel zerdrücken. Mit dem Quark und Ajvar mischen. Mit Pfeffer würzen.

TIPP Frische Kräuter, zum Beispiel reichlich frisches Basilikum, geben dem Dip eine besondere Note.

KRÄUTERSALZ

Herrlich aromatisch

streng purinarm

Zubereitungszeit: 5 Minuten
Trockenzeit: 2 Stunden

Eine Portion (1 g) enthält
0 kcal / 0 kJ, 0 g Eiweiß,
0 g Fett, 0 g Kohlenhydrate,
0 g Ballaststoffe, 0 mg Harnsäure

Zutaten für 100 g

- 20 g frische Kräuter, z. B. Petersilie, Salbei, Basilikum, Thymian
- 95 g grobes Meersalz

Zubereitung

1 Die Kräuter waschen, trocknen und die Blättchen abzupfen. In eine Küchenmaschine geben und auf höchster Stufe ca. 10 Sekunden zerkleinern. Das Salz zugeben und die Mischung weitere 10 Sekunden auf höchster Stufe pulverisieren.

2 Das Kräutersalz auf ein Backblech geben und im Ofen bei 100 °C (Umluft) ca. 2 Stunden trocknen.

TIPP Im Sommer können Sie das Kräutersalz auch in der Sonne trocknen lassen.

BÄRLAUCHPESTO

Frühlingsfrische Pesto-Variation

streng purinarm

Zubereitungszeit: 10 Minuten

Eine Portion (1 EL) enthält
100 kcal / 418 kJ, 2 g Eiweiß,
10 g Fett, 0 g Kohlenhydrate,
0 g Ballaststoffe, 2 mg Harnsäure

Zutaten für 2 Portionen
- 2 Handvoll frischer Bärlauch (ca. 25 g)
- 1 Stück Pecorinokäse (ca. 40 g)
- 1 geh. EL Cashewkerne (ca. 25 g)
- 1 EL Zitronensaft
- Salz, Pfeffer
- 3 EL Olivenöl

Zubereitung

1 Den Bärlauch waschen, trocknen, gegebenenfalls verlesen und von den Stielen entfernen. Den Pecorino fein reiben. Die Cashewkerne fein hacken.

2 Bärlauch, Pecorino, Cashewkerne, Zitronensaft, Salz und Pfeffer in einen Mixer geben und pürieren. Nach und nach das Öl zugeben und alles zu einer cremigen Paste verarbeiten.

TOMATENPESTO

Pesto mit griechischer Note

streng purinarm

Zubereitungszeit: 10 Minuten

Eine Portion (ca. 1 EL) enthält
68 kcal / 282 kJ, 1 g Eiweiß,
7 g Fett, 1 g Kohlenhydrate,
0 g Ballaststoffe, 4 mg Harnsäure

Zutaten für 2 Portionen
- 4 getrocknete Tomaten in Öl
- 1 Knoblauchzehe
- 1 geh. EL Walnüsse
- 1 EL Tomatenmark
- 30 g Schafskäse
- Pfeffer, Paprikapulver (edelsüß)
- 2 EL Olivenöl

Zubereitung

1 Die Tomaten abtropfen lassen und in feine Streifen schneiden. Die Knoblauchzehe schälen und fein hacken. Die Walnüsse ebenfalls fein hacken.

2 Tomaten, Knoblauch, Walnüsse, Tomatenmark, Schafskäse, Pfeffer und Paprikapulver in einen Mixer geben und pürieren. Nach und nach das Öl zugeben und alles zu einer cremigen Paste verarbeiten.

TIPP Da der Schafskäse sehr salzig ist, brauchen Sie für dieses Rezept kein zusätzliches Salz.

TSATSIKI

Dip-Klassiker aus Griechenland

streng purinarm

Zubereitungszeit: 10 Minuten

Eine Portion enthält

94 kcal / 392 kJ, 9 g Eiweiß,
5 g Fett, 3 g Kohlenhydrate,
0 g Ballaststoffe, 2 mg Harnsäure

Zutaten für 2 Portionen

125 g Magerquark
1 Schuss kohlensäurehaltiges Mineralwasser
2 Knoblauchzehen
1 TL Olivenöl
Salz, Pfeffer
1 EL schwarze Oliven

Zubereitung

1 Den Quark mit dem Mineralwasser glatt rühren. Die Knoblauchzehen schälen und in feine Würfel schneiden.

2 Knoblauch, Olivenöl, Salz und Pfeffer unter die Quarkmasse rühren. Die Oliven in kleine Würfel schneiden, den Tsatsiki damit garnieren und servieren.

VARIATION Fein geraspelte Gurken-, Rettich-, Radieschen- oder Karottenstreifen bringen Abwechslung und zusätzliche Vitamine in den Dip.

AVOCADO-PFIRSICH-SALSA

Fruchtig-scharfe Sommersoße

streng purinarm

Zubereitungszeit: 15 Minuten
Zeit zum Durchziehen: 30 Minuten

Eine Portion enthält

146 kcal / 610 kJ, 2 g Eiweiß, 13 g Fett, 7 g Kohlenhydrate, 3 g Ballaststoffe, 26 mg Harnsäure

Zutaten für 2 Portionen

- 1 kleine rote Zwiebel
- 1 Knoblauchzehe
- 1 kleine rote Chilischote
- 1 reifer Pfirsich
- ½ gelbe Paprikaschote
- ½ reife Avocado
- 1 TL Zitronensaft
- 1 TL Olivenöl
- Salz, Pfeffer

Zubereitung

1 Die Zwiebel und die Knoblauchzehe schälen und in feine Würfel schneiden. Die Chilischote waschen, halbieren, putzen und ebenfalls fein würfeln. Den Pfirsich waschen, halbieren, den Stein entfernen und in ca. 1 cm große Würfel schneiden. Die Paprikaschote waschen, halbieren, putzen und entsprechend klein würfeln. Die Avocado mit einem Löffel aus der Schale lösen, gegebenenfalls den Kern entfernen und ebenfalls klein würfeln.

2 Alle vorbereiteten Zutaten in eine Schüssel geben. Mit Zitronensaft und Olivenöl vermengen, salzen und pfeffern. Die Salsa 30 Minuten durchziehen lassen.

TIPP Avocado-Pfirsich-Salsa schmeckt hervorragend zu Ofenkartoffeln und gegrilltem Gemüse.

AUBERGINEN-KÜRBIS-CHUTNEY

Passt zu gegrilltem Gemüse

streng purinarm

Zubereitung

1 Den Kürbis waschen, entkernen und in grobe Würfel schneiden. Die Zwiebel schälen und in Ringe schneiden. Die Aubergine waschen, putzen und in kleine Würfel schneiden. Die Chilischote waschen, halbieren, putzen und in feine Ringe schneiden.

2 Das Öl erhitzen und das vorbereitete Gemüse darin anbraten. Gewürznelken, Thymian, Koriander, Zucker, Essig und Tomatenmark hinzufügen, 50 ml Wasser angießen und das Ganze ca. 1 Stunde vor sich hin köcheln lassen.

3 Das Chutney vom Herd nehmen, abschmecken. Die Rosinen zugeben und noch ca. 30 Minuten durchziehen lassen.

TIPP Das Chutney ist das perfekte Mitbringsel zu einem Grillfest.

Zubereitungszeit: 10 Minuten
Garzeit : 1 Stunde
Zeit zum Durchziehen: 30 Minuten

Eine Portion (30 g) enthält:
15 kcal/63 kJ, 0 g Eiweiß,
1 g Fett, 2 g Kohlenhydrate,
1 g Ballaststoffe, 5 mg Harnsäure

Zutaten für 2 Portionen

- 250 g Hokkaidokürbis
- 1 Gemüsezwiebel
- 1 kleine Aubergine
- 1 rote Chilischote
- 1 EL Olivenöl
- 2 Gewürznelken
- ½ TL getrockneter Thymian
- 5 Korianderkörner
- 1 EL Zucker
- 2 EL Weißweinessig
- 1 TL Tomatenmark
- 1 EL Rosinen

HAUPTGERICHTE

KÜRBIS-BROKKOLI-CURRY MIT JASMINREIS

Ein Hauch von Orient

Zubereitungszeit: 20 Minuten
Garzeit: 40 Minuten

Eine Portion enthält
379 kcal / 1585 kJ, 9 g Eiweiß,
9 g Fett, 62 g Kohlenhydrate,
9 g Ballaststoffe, 135 mg Harnsäure

Zutaten für 2 Portionen
200 g Brokkoli, tiefgekühlt
100 g Jasminreis
Salz
300 g Butternutkürbis
1 Pastinake
½ Gemüsezwiebel
1 Knoblauchzehe
1 Stück Ingwer (ca. 20 g)
1 EL Sojaöl
1 TL Currypaste (aus dem Glas)
200 ml Kokosmilch
100 ml Apfelsaft
1 EL Sojasoße
Pfeffer

Zubereitung

1 Die Brokkoliröschen aus der Packung nehmen und auftauen lassen.

2 Den Reis in ein Sieb geben und drei- bis viermal unter fließendem Wasser waschen. Den Reis mit 300 ml Salzwasser in einen Topf geben, Wasser zum Kochen bringen. Die Herdplatte auf die kleinste Stufe stellen und den Reis 10 Minuten köcheln lassen. Die Herdplatte ausschalten und den Reis noch 30 Minuten zugedeckt stehen lassen.

3 Inzwischen den Kürbis waschen, putzen und Kürbiskerne entfernen. Die Pastinake waschen, putzen und schälen. Die Gemüsezwiebel schälen. Kürbis, Pastinake und Zwiebel in ca. 2 cm große Würfel schneiden. Knoblauchzehe und Ingwer schälen und fein würfeln.

4 Das Sojaöl in einer Pfanne erhitzen. Knoblauch, Ingwer, und Zwiebel darin scharf anbraten. Die Currypaste zugeben und kurz mitbraten. Kürbis- und Pastinakenwürfel zugeben und ca. 3 Minuten andünsten. Mit Kokosmilch und Apfelsaft ablöschen. Das Ganze ca. 10 Minuten bei mittlerer Hitze köcheln lassen.

5 Brokkoliröschen zugeben und weitere 5 Minuten mitgaren. Das Curry mit Sojasoße, Salz und Pfeffer abschmecken und mit dem Jasminreis servieren.

OFENKARTOFFELN MIT MEXIKANISCHER SALSA

Schmackhaft und feurig

Zubereitung

1 Den Backofen auf 200 °C (Ober-/Unterhitze) vorheizen.

2 Die Kartoffeln waschen, Schale mit der Gemüsebürste gründlich säubern. Mit einem Küchentuch trocknen, mit dem Rapsöl einreiben und die Schale einschneiden. Kartoffeln in eine feuerfeste Auflaufform setzen und im heißen Ofen ca. 50 Minuten backen.

3 In der Zwischenzeit die Paprikaschoten und die Chilischote waschen, halbieren, putzen und in sehr feine Würfel schneiden. Die Maiskörner abtropfen lassen. Die Lauchzwiebel waschen, putzen und in feine Scheiben schneiden. Die Knoblauchzehe schälen und fein würfeln.

4 Das Olivenöl mit Essig, Knoblauch, Salz und Pfeffer zu einer Marinade verquirlen. Das vorbereitete Gemüse mit der Marinade vermengen. Die Salsa in den Kühlschrank stellen, bis die Kartoffeln gar sind.

5 Kartoffeln aus dem Ofen nehmen und prüfen, ob sie gar sind. Die fertigen Kartoffeln an der eingeschnittenen Stelle auseinanderdrücken, mit der Salsa garnieren und servieren.

TIPP Die Garprobe bei Ofenkartoffeln machen Sie mit einem scharfen Messerchen. Wenn Sie hineinstechen und noch auf Widerstand stoßen, sollten die Kartoffeln noch ein paar Minuten weiterbacken.

Zubereitungszeit. 15 Minuten
Garzeit: 50 Minuten

Eine Portion enthält
353 kcal / 1476 kJ, 8 g Eiweiß, 13 g Fett, 50 g Kohlenhydrate, 9 g Ballaststoffe, 66 mg Harnsäure

Zutaten für 2 Portionen

- 4 festkochende Kartoffeln (à 150 g)
- ½ EL Rapsöl

Für die Salsa:

- ½ rote Paprikaschote
- ½ grüne Paprikaschote
- 1 kleine rote Chilischote
- 2 EL Maiskörner (aus der Dose)
- 1 Lauchzwiebel
- 1 Knoblauchzehe
- 1 EL Olivenöl
- 1 EL Rotweinessig
- Salz, Pfeffer

GRÜNE SOSSE MIT PELLKARTOFFELN

Hessische Spezialität

streng purinarm

Zubereitungszeit: 15 Minuten
Garzeit: 20 Minuten

Eine Portion enthält
459 kcal / 1918 kJ, 26 g Eiweiß, 21 g Fett, 38 g Kohlenhydrate, 5 g Ballaststoffe, 39 mg Harnsäure

Zutaten für 2 Portionen

- 400 g kleine, festkochende Kartoffeln
- 3 Eier
- ½ Pck. Magerquark (125 g)
- 4 EL saure Sahne, 10 % Fett
- 2 EL Buttermilch
- ½ EL Senf
- ½ Bund Schnittlauch
- 2 Stängel Kerbel
- 2 Stängel Petersilie
- 2 Sauerampferblätter
- 2 Stängel Borretsch
- 2 Stängel Pimpinelle
- 2 EL Kresse
- Salz, Pfeffer

Zubereitung

1 Die Kartoffeln gründlich waschen und ca. 20 Minuten kochen, am besten in einem Topf mit Dämpfeinsatz. Die Eier ca. 10 Minuten hart kochen.

2 Quark, saure Sahne, Buttermilch und Senf mit dem Schneebesen glatt rühren. Die Kräuter waschen. Schnittlauch verlesen und in schmale Röllchen schneiden. Blätter der anderen Kräuter von den Stielen zupfen, trocknen und fein hacken.

3 Die Soße mit Salz und Pfeffer würzen und auf den Teller geben. Die Kartoffeln darüber verteilen. Die Eier halbieren und ebenfalls auf den Teller geben.

4 Nach Belieben mit Kräutern garnieren und servieren.

TIPP Die Frühlingskräuter für die Grüne Soße gibt es am Gemüsestand bzw. in gut sortierten Supermärkten manchmal als fertige Mischung zu kaufen.

ONE-POT-PASTA MIT TOMATEN

Geht schnell, schmeckt nach mehr

Zubereitungszeit: 10 Minuten
Garzeit: 10 Minuten

Eine Portion enthält

542 kcal / 2256 kJ, 19 g Eiweiß,
16 g Fett, 79 g Kohlenhydrate,
8 g Ballaststoffe, 131 mg Harnsäure

Zutaten für 2 Portionen

- 1 kleine Knoblauchzehe
- 1 Zwiebel
- 4 reife Tomaten
- 2 EL Oliven, ohne Stein
- 200 g Mini-Makkaroni oder Cellentani
- 500 ml Gemüsebrühe
- 1 EL Olivenöl
- Salz, Pfeffer
- 1 EL getrocknete Kräuter der Provence

Zubereitung

1 Die Knoblauchzehe und die Zwiebel schälen und in feine Würfel schneiden. Die Tomaten waschen, halbieren, Strunk herausschneiden und die Tomaten in Würfel schneiden. Die Oliven vierteln.

2 Die Nudeln zusammen mit dem vorbereiteten Gemüse in einen großen Topf geben. Die Gemüsebrühe aufkochen. Die kochend heiße Brühe zusammen mit dem Öl, Salz, Pfeffer und Kräutern über die Nudeln gießen. Bei mittlerer Hitze köcheln lassen und alle 2 Minuten umrühren. Nach ca. 10 Minuten servieren.

TIPP Für One-Pot-Pasta sind kurze Nudeln mit einer Garzeit von maximal 8 Minuten am besten geeignet.

ONE-POT-SPAGHETTI MIT SPINAT

Nudelglück mit wenig Aufwand

Zubereitung

1 Die Knoblauchzehen und die Schalotten schälen und in feine Würfel schneiden. Den Spinat waschen, gegebenenfalls verlesen und abtropfen lassen. Die Zitrone heiß waschen, Schale mit einer Küchenreibe abraspeln und die Zitrone auspressen. Den Parmesan fein reiben.

2 Die Spaghetti in der Hälfte durchbrechen und zusammen mit Knoblauch- und Schalottenwürfeln in einen großen Topf geben. Die Gemüsebrühe aufkochen und mit Milch, Öl, Salz und Pfeffer über die Nudeln gießen. Das Ganze bei mittlerer Hitze köcheln lassen. Alle 2 Minuten umrühren.

3 Nach ca. 10 Minuten Garzeit Spinat, Zitronenabrieb, Zitronensaft und Parmesan zu den Nudeln geben und untermischen. Noch einmal mit Salz und Pfeffer abschmecken und sofort servieren.

Zubereitungszeit: 10 Minuten
Garzeit: 10 Minuten

Eine Portion enthält
549 kcal / 2295 kJ, 27 g Eiweiß, 13 g Fett, 80 g Kohlenhydrate, 9 g Ballaststoffe, 165 mg Harnsäure

Zutaten für 2 Portionen

- 2 Knoblauchzehen
- 4 Schalotten
- 200 g Babyspinat
- ½ Bio-Zitrone
- 20 g Parmesan
- 200 g Spaghetti
- 250 ml Gemüsebrühe
- 250 ml Milch
- 1 TL Olivenöl
- Salz, Pfeffer

KNUSPRIGER NUDELAUFLAUF

Schmeckt der ganzen Familie

Zubereitungszeit: 20 Minuten
Garzeit: 40 Minuten

Eine Portion enthält
529 kcal / 2211 kJ, 18 g Eiweiß,
15 g Fett, 78 g Kohlenhydrate,
8 g Ballaststoffe, 100 mg Harnsäure

Zutaten für 2 Portionen

½ Gemüsezwiebel
1 Knoblauchzehe
2 reife Fleischtomaten
2 Stängel Basilikum
2 Zweige Oregano
1 ½ EL Olivenöl
1 EL Tomatenmark
200 ml Tomatensaft
Salz, Pfeffer
150 g Nudeln, z. B. Penne
20 g Parmesan
2 EL Paniermehl

Zubereitung

1 Die Zwiebel und die Knoblauchzehe schälen und in feine Würfel schneiden. Tomaten waschen, halbieren, Strunk herausschneiden und die Tomaten würfeln. Basilikum und Oregano waschen, trocknen, Blättchen abzupfen und fein hacken.

2 ½ EL Olivenöl sanft erhitzen. Zwiebel- und Knoblauchwürfel darin glasig andünsten, Tomatenmark dazugeben und einige Minuten mitgaren. Die Tomatenwürfel und den Tomatensaft zugeben, salzen, pfeffern und die Soße ca. 15 Minuten köcheln lassen.

3 Inzwischen reichlich Salzwasser zum Kochen bringen und Nudeln nach Packungsanweisung bissfest garen. Den Backofen auf 200 °C (Ober-/Unterhitze) vorheizen. Den Parmesan fein reiben. Das Paniermehl, 1 EL Öl und etwas Salz vermengen.

4 Die Nudeln am Ende der Garzeit abgießen. Mit Tomatensoße, Kräutern und geriebenem Parmesan vermengen und in eine feuerfeste Auflaufform geben. Die Nudelmasse mit der Brösel-Öl-Mischung bestreuen und im heißen Ofen ca. 25 Minuten knusprig überbacken.

FARFALLE MIT OFENGEMÜSE

Kunterbunter Gemüsemix

Zubereitungszeit: 15 Minuten
Garzeit: 30 Minuten

Eine Portion enthält

642 kcal / 2684 kJ, 23 g Eiweiß, 23 g Fett, 84 g Kohlenhydrate, 16 g Ballaststoffe, 102 mg Harnsäure

Zutaten für 2 Portionen

½ kleiner Muskatkürbis (200–250 g)
1 kleine Fenchelknolle
1 rote Zwiebel
1 Knoblauchzehe
1 ½ EL Olivenöl
einige Spritzer Zitronensaft
Salz, Pfeffer
1 Zweig Rosmarin
40 g Parmesan
200 g Farfalle

Zubereitung

1 Den Kürbis waschen, schälen, Kerne und faserige Teile mit einem Löffel entfernen. Fruchtfleisch in schmale Spalten schneiden. Den Fenchel waschen, halbieren, putzen und in schmale Scheiben schneiden.

2 Den Backofen auf 200 °C (Ober-/Unterhitze) vorheizen.

3 Die Zwiebel und die Knoblauchzehe schälen. Die Zwiebel vierteln, die Knoblauchzehe in kleine Würfel schneiden.

4 Das Olivenöl mit den Knoblauchwürfeln und Zitronensaft mischen, salzen und pfeffern. Rosmarin waschen, Nadeln abzupfen, fein hacken und unter das Gewürzöl mischen. Die Kürbis-, Fenchel- und Zwiebelstücke in eine feuerfeste Auflaufform geben und das Gewürzöl darübergießen. Das Gemüse gründlich mit dem Öl vermengen. Im heißen Ofen ca. 30 Minuten backen.

5 Den Parmesan hobeln. Ca. 15 Minuten vor Ende der Garzeit reichlich Salzwasser zum Kochen bringen und die Nudeln darin bissfest garen. Nudeln abgießen und mit dem fertig gebackenen Gemüse und dem Parmesan vermengen. Mit Salz und Pfeffer abschmecken.

GEFÜLLTE ZUCCHINI

Leichtes Sommeressen

Zubereitung

1 Die Zucchini waschen, Strunk abschneiden und längs halbieren. Das Fruchtfleisch bis auf einen schmalen Rand herausschneiden und grob würfeln. Die Zwiebel und die Knoblauchzehe schälen und fein würfeln. Die getrockneten Tomaten in schmale Streifen schneiden.

2 Das Öl in einem kleinen Topf erhitzen. Zwiebel- und Knoblauchwürfel darin glasig andünsten. Die Tomatenstreifen und das Tomatenmark zugeben und einige Minuten mitdünsten. Den Reis zugeben und unter Rühren ca. 2 Minuten anbraten. Mit der Gemüsebrühe ablöschen und ca. 20 Minuten köcheln lassen.

3 Inzwischen den Parmesan fein reiben. Den Backofen auf 180 °C (Ober-/Unterhitze) vorheizen.

4 Den gegarten Reis mit dem geriebenen Parmesan und dem Zucchinifruchtfleisch vermengen, salzen und pfeffern. Die Zucchinihälften innen mit Salz und Pfeffer würzen und mit der Reismischung füllen. In eine feuerfeste Auflaufform setzen, etwas Gemüsebrühe zugießen. Die Zucchini im heißen Ofen ca. 30 Minuten garen.

Zubereitungszeit: 20 Minuten
Garzeit: 50 Minuten

Eine Portion enthält

328 kcal / 1371 kJ, 13 g Eiweiß, 16 g Fett, 32 g Kohlenhydrate, 4 g Ballaststoffe, 90 mg Harnsäure

Zutaten für 2 Portionen

- 2 Zucchini
- 1 kleine Zwiebel
- 1 Knoblauchzehe
- 4 getrocknete Tomaten
- 1 EL Olivenöl
- 1 geh. EL Tomatenmark
- 60 g Reis
- 120 ml Gemüsebrühe und etwas Brühe zum Garen
- 40 g Parmesan
- Salz, Pfeffer

VEGETARISCHE BOLOGNESE

Auch ohne Fleisch äußerst lecker

Zubereitungszeit: 30 Minuten
Garzeit: 1 Stunde

Eine Portion enthält

461 kcal / 1929 kJ, 19 g Eiweiß, 14 g Fett, 64 g Kohlenhydrate, 17 g Ballaststoffe, 189 mg Harnsäure

Zutaten für 2 Portionen

- 200 g gemischte Pilze, z. B. Champignons und Shiitakepilze
- 1 Karotte (ca. 150 g)
- 1 Stück Sellerie (ca. 150 g)
- 1 kleine Zwiebel
- 1 Knoblauchzehe
- 1 EL Olivenöl
- 1 EL Tomatenmark
- ¼ TL getrocknetes Basilikum
- ¼ TL getrockneter Thymian
- ¼ TL getrockneter Oregano
- Salz, Pfeffer
- 300 ml Tomatensaft
- 150 g Spaghetti
- 20 g Parmesan

Zubereitung

1 Die Pilze mit einem Küchentuch abreiben, Stielansätze abschneiden und mit einem Messer grob zerkleinern. Pilze auf ein Backblech geben und im Backofen bei 50 °C (Ober-/Unterhitze) ca. 30 Minuten trocknen.

2 Die Karotte und den Sellerie waschen, schälen, putzen und in kleine Würfel schneiden. Die Zwiebel und die Knoblauchzehe schälen und ebenfalls fein würfeln.

3 Das Öl in einem Topf erhitzen. Die Pilzstücke darin hellbraun anbraten. Tomatenmark zugeben, einige Minuten mitbraten. Gemüsewürfel und Kräuter zugeben und ca. 5 Minuten mitbraten. Das Ganze mit Tomatensaft ablöschen und bei schwacher Hitze ca. 30 Minuten köcheln lassen. Am Ende der Garzeit gegebenenfalls nachwürzen.

4 In der Zwischenzeit reichlich Salzwasser zum Kochen bringen und die Spaghetti darin bissfest garen.

5 Den Parmesan fein reiben. Die vegetarische Bolognese über die abgetropften Spaghetti geben, mit Parmesan bestreuen und servieren.

TIPP Durch die Verwendung von purinarmen Pfifferlingen lässt sich der Harnsäuregehalt weiter reduzieren.

ÜBERBACKENE AUBERGINEN

Schmecken nach Urlaub

Zubereitungszeit: 15 Minuten
Garzeit: 45 Minuten

Eine Portion enthält
418 kcal / 1747 kJ, 16 g Eiweiß, 33 g Fett, 13 g Kohlenhydrate, 9 g Ballaststoffe, 82 mg Harnsäure

Zutaten für 2 Portionen

- 2 große Auberginen (500 g)
- Salz, Pfeffer
- 2 EL Olivenöl
- 1 Knoblauchzehe
- 1 Dose gehackte Tomaten (400 g)
- ¼ TL getrocknetes Basilikum
- ¼ TL getrockneter Thymian
- ¼ TL getrockneter Oregano
- 30 g Schafskäse
- 4 geh. EL Frischkäse, fettreduziert
- 2 EL Milch, 1,5 % Fett

Zubereitung

1 Den Backofen auf 200 °C (Ober-/Unterhitze) vorheizen. Ein Backblech mit 1 EL Öl dünn einfetten.

2 Die Auberginen waschen, putzen und in ca. ½ cm dicke Scheiben schneiden. Salzen, pfeffern und auf das Backblech legen. Im heißen Ofen ca. 30 Minuten backen.

3 Inzwischen die Knoblauchzehe schälen und fein hacken. Die Tomaten in eine Schüssel geben, mit Knoblauch, Kräutern, Salz und Pfeffer würzen.

4 Den Schafskäse in eine Schüssel bröckeln. Die Milch und den Frischkäse zugeben und verrühren.

5 Eine Auflaufform mit dem restlichen Öl einpinseln. Die gebackenen Auberginenscheiben hineinlegen, die Tomatenmischung darübergeben, zum Schluss die Käsemasse darauf verteilen. Den Auflauf im Ofen 15 Minuten überbacken.

TIPP Zu den überbackenen Auberginen passt ein knusprig aufgebackenes Vollkornbaguette und ein frischer Salat, z. B. Griechischer Bauernsalat (siehe Rezept Seite 102).

KÜRBISPUFFER

Knusprige Gemüsetaler

streng purinarm

Zubereitungszeit: 15 Minuten
Garzeit: 15 Minuten

Eine Portion enthält
331 kcal / 1384 kJ, 8 g Eiweiß,
19 g Fett, 31 g Kohlenhydrate,
7 g Ballaststoffe, 35 mg Harnsäure

Zutaten für 2 Portionen

- ½ kleiner Hokkaidokürbis (ca. 500 g)
- 2 festkochende Kartoffeln (ca. 150 g)
- 2 Lauchzwiebeln
- 1 Knoblauchzehe
- 1 Ei
- 1 ½ EL Dinkelmehl Type 630
- Salz, Pfeffer
- 2 EL Rapsöl

Zubereitung

1 Den Kürbis waschen, putzen und mit der Küchenreibe grob raspeln. Die Kartoffeln schälen, waschen und ebenfalls raspeln. Die Lauchzwiebeln waschen, putzen und in feine Ringe schneiden. Die Knoblauchzehe schälen und fein würfeln.

2 Die Gemüseraspel, Zwiebelringe und Knoblauchwürfel in eine Schüssel geben. Ei, Mehl, Salz und Pfeffer zugeben und alles gut vermengen.

3 Das Öl in einer beschichteten Pfanne erhitzen. Aus der Gemüsemasse kleine Bratlinge formen. In die Pfanne setzen, dabei die Masse zu flachen Puffern verstreichen. Die Puffer von beiden Seiten goldbraun braten. Im Backofen warmhalten, bis alle Puffer fertig sind.

TIPP Kürbispuffer schmecken besonders gut mit Tsatsiki (siehe Rezept Seite 142).
Probieren Sie auch einmal andere Gemüsesorten für die Puffer, z. B. Zucchini, Sellerie oder Karotten.

REISBULETTEN

Köstliche Resteverwertung

Zubereitungszeit: 10 Minuten
Garzeit: 15 Minuten

Eine Portion enthält

488 kcal / 2040 kJ, 18 g Eiweiß, 27 g Fett, 44 g Kohlenhydrate, 7 g Ballaststoffe, 108 mg Harnsäure

Zutaten für 2 Portionen

- 350 g Gemüse, z. B. Karotten, Zucchini, Kohlrabi, Sellerie
- 180 g gekochter Reis vom Vortag
- 50 g geriebener Emmentaler, 40 % Fett i. Tr.
- 1 kleines Ei
- 2 geh. EL Vollkornmehl
- Salz, Pfeffer
- 2 EL Rapsöl

Zubereitung

1 Das Gemüse waschen, putzen und grob raspeln.

2 Den Reis mit Gemüseraspeln, geriebenem Käse, Ei, Mehl, Salz und Pfeffer in eine Schüssel geben und alles gut vermengen.

3 Mit angefeuchteten Händen aus der Reismasse kleine Klöße formen. Das Öl in einer beschichteten Pfanne erhitzen. Die Buletten hineinsetzen und ca. 10 Minuten bei mittlerer Hitze braten, bis sie rundum gebräunt und knusprig sind.

TIPP Wenn Sie den Reis erst kochen müssen, brauchen Sie ca. 70 g rohen Reis.
Reisbuletten sind auch kalt ein Genuss.

COUSCOUS-GEMÜSE-PFANNE

Herrlich unkompliziert

Zubereitungszeit: 25 Minuten

Eine Portion enthält

315 kcal / 1317 kJ, 10 g Eiweiß,
10 g Fett, 44 g Kohlenhydrate,
7 g Ballaststoffe, 105 mg Harnsäure

Zutaten für 2 Portionen

½ Gemüsezwiebel
1 Knoblauchzehe
1 rote Paprikaschote
1 kleine Zucchini
2 Tassen Gemüsebrühe
1 Tasse Couscous
1 EL Olivenöl
1 EL Tomatenmark
Salz, Pfeffer
100 g Maiskörner (aus der Dose)

Zubereitung

1 Zwiebel und Knoblauchzehe schälen und in feine Würfel schneiden. Paprika und Zucchini waschen, putzen und in kleine Würfel schneiden.

2 Gemüsebrühe zum Kochen bringen. Den Couscous in eine kleine Schüssel geben und die kochende Brühe darübergießen. Zugedeckt 10 Minuten quellen lassen.

3 Das Olivenöl sanft erhitzen. Zwiebel- und Knoblauchwürfel darin glasig andünsten, Tomatenmark zugeben und kurz mitgaren. Paprika- und Zucchiniwürfel zugeben und einige Minuten mitdünsten.

4 Das Gemüse mit Salz und Pfeffer würzen. Den Mais zugeben und den Couscous untermischen. Alles gut vermengen, gegebenenfalls nochmals abschmecken.

TIPP Zur Couscous-Gemüse-Pfanne schmeckt der Fetadip sehr lecker (siehe Rezept Seite 138).

VEGGIE-BURGER MIT KÄSE

Schmeckt auch ohne Fleisch nach mehr

Zubereitung

1 Das Gemüse waschen, putzen und grob raspeln. Die Knoblauchzehe schälen und fein hacken.

2 Die Gemüseraspel und Knoblauchwürfel mit Haferflocken, Paniermehl, Ei und Sonnenblumenkernen vermengen. Petersilie waschen, trocknen, Blättchen abzupfen und fein hacken und unter die Haferflockenmasse mischen. Die Masse mit Salz, Pfeffer und Paprikapulver würzen.

3 Mit feuchten Händen flache Bratlinge aus der Masse formen. Das Öl in einer beschichteten Pfanne erhitzen. Die Bratlinge darin ca. 5 Minuten pro Seite knusprig braten.

4 Die Gurke in schmale Scheiben schneiden. Die Tomate waschen, trocknen, halbieren, Strunk herausschneiden und die Tomate in schmale Scheiben schneiden. Die Salatblätter waschen und gegebenenfalls putzen. Die Zwiebeln in Ringe schneiden.

5 Die Brötchen kurz aufbacken und waagerecht halbieren. Die unteren Hälften mit Ketchup bestreichen, dann mit Salatblatt, fertigem Bratling, Gurken- und Tomatenscheiben, Käsescheibe und Zwiebelringen belegen. Die oberen Brötchenhälften daraufsetzen und genießen.

TIPP Statt mit normalen Zwiebeln können Sie den Burger auch mit Balsamico-Zwiebeln (siehe Kräuterrührei mit Balsamico-Zwiebeln, Seite 43) belegen.

Zubereitungszeit: 30 Minuten

Eine Portion enthält

692 kcal / 2893 kJ, 27 g Eiweiß, 35 g Fett, 66 g Kohlenhydrate, 13 g Ballaststoffe, 141 mg Harnsäure

Zutaten für 2 Portionen

Für die Bratlinge:

250 g Gemüse, z. B. Petersilienwurzel, Zwiebel, Staudensellerie
1 Knoblauchzehe
50 g Vollkornhaferflocken
25 g Paniermehl
1 Ei
1 EL Sonnenblumenkerne
2 Stängel Petersilie
Salz, Pfeffer, Paprikapulver (edelsüß)
2 EL Rapsöl

Für die Burger:

1 Essiggurke
1 Tomate
2 Blätter Eisbergsalat
1 Zwiebel
2 Brötchen, z. B. Vollkornbrötchen
1 EL Tomatenketchup oder selbst gemachter Grillketchup (siehe Rezept Seite 128)
2 Scheiben Schnittkäse, 30 % Fett i. Tr.

SÜSSKARTOFFELAUFLAUF MIT ZIEGENFRISCHKÄSE

Perfekte Harmonie der Aromen

Zubereitungszeit: 20 Minuten
Garzeit: 35 Minuten

Eine Portion enthält
555 kcal / 2320 kJ, 15 g Eiweiß,
24 g Fett, 68 g Kohlenhydrate,
9 g Ballaststoffe, 61 mg Harnsäure

Zutaten für 2 Portionen

- 500–600 g Süßkartoffeln
- 1 Knoblauchzehe
- 1 Zweig Thymian
- 1 Zweig Oregano
- 1 Zweig Rosmarin
- 1 EL Olivenöl
- Salz, Pfeffer
- 150 g Cocktailtomaten
- 4 geh. EL Ziegenfrischkäse, fettreduziert
- 2 EL Milch, 1,5 % Fett
- 2 EL Tomatenmark

Zubereitung

1 Den Backofen auf 200 °C (Ober-/Unterhitze) vorheizen.

2 Die Süßkartoffeln waschen, putzen, schälen und in dicke Scheiben schneiden. Die Knoblauchzehe schälen und in feine Würfel schneiden. Die Kräuter waschen, trocknen, Blättchen abzupfen und fein hacken.

3 Die gehackten Kräuter und die Knoblauchwürfel in einer Schüssel mit Olivenöl, Salz und Pfeffer verrühren. Die Süßkartoffelscheiben zugeben, mit dem Kräuteröl vermengen. In eine feuerfeste Auflaufform geben. Im vorgeheizten Ofen ca. 20 Minuten backen.

4 Die Tomaten waschen, gut abtropfen lassen und halbieren. Den Ziegenkäse mit der Milch glatt rühren, das Tomatenmark unterrühren und die Mischung mit Salz und Pfeffer kräftig würzen.

5 Die Tomaten zu den Süßkartoffeln in die Auflaufform geben, etwas vermengen. Die Ziegenkäsemischung in Klecksen über die Süßkartoffeln geben. Den Auflauf 10–15 Minuten im Ofen überbacken.

TIPP Zum Süßkartoffelauflauf passt der Frühlingsfrische Spinatsalat (siehe Rezept Seite 83).

FLAMMKUCHEN MIT GEMÜSE

Schön bunt und knusprig

streng purinarm

Zubereitung

1 Das Mehl mit Salz, Zucker, Pfeffer und 100 ml lauwarmem Wasser in eine Schüssel geben. Alles mit den Knethaken des Handrührgerätes zu einem glatten Teig verarbeiten. Den Teig zu einer Kugel formen und zugedeckt an einem warmen Ort 3 Stunden ruhen lassen.

2 Knoblauchzehe und Schalotte schälen und fein würfeln. Zucchini und Paprikaschote waschen, putzen und in ca. 2 cm große Würfel schneiden.

3 Das Öl sanft erhitzen. Die Zwiebel- und Knoblauchwürfel darin glasig andünsten. Zucchini- und Paprikawürfel zugeben und einige Minuten mitdünsten. Den Mais zugeben. Das Gemüse mit Salz und Pfeffer würzen und zur Seite stellen. Den Schafskäse in eine Schüssel bröckeln, mit der sauren Sahne zu einer glatten Creme verrühren und pfeffern.

4 Den Backofen auf 230 °C (Ober-/Unterhitze) vorheizen. Den Flammkuchenteig auf einer bemehlten Fläche durchkneten, dünn ausrollen und auf ein mit Backpapier belegtes Backblech legen. Den Teigfladen mit der Schafskäsecreme bestreichen. Das gedünstete Gemüse auf die Creme streuen. Den Flammkuchen im Ofen 10–13 Minuten backen.

Zubereitungszeit: 30 Minuten
Ruhezeit: 3 Stunden
Backzeit: 15 Minuten

Eine Portion enthält
412 kcal / 1722 kJ, 12 g Eiweiß, 16 g Fett, 55 g Kohlenhydrate, 6 g Ballaststoffe, 63 mg Harnsäure

Zutaten für 2 Portionen

Für den Teig:
- 125 g Dinkelmehl Type 630
- ½ TL Salz
- 1 Prise Zucker
- 1 Msp. Pfeffer

Für den Belag:
- 1 Knoblauchzehe
- 1 Schalotte
- 1 kleine Zucchini
- 1 rote Paprikaschote
- 1 EL Olivenöl
- 2 EL Maiskörner (aus der Dose)
- 30 g Schafskäse
- 75 g saure Sahne
- Pfeffer

BEILAGEN UND GEMÜSE

KNUSPRIGE OFENKARTOFFELN

Mit feiner Knoblauchnote

streng purinarm

Zubereitungszeit: 10 Minuten
Garzeit: 30 Minuten

Eine Portion enthält

241 kcal / 1007 kJ, 5 g Eiweiß, 8 g Fett, 35 g Kohlenhydrate, 6 g Ballaststoffe, 39 mg Harnsäure

Zutaten für 2 Portionen

- 6 mittelgroße, festkochende Kartoffeln
- 2 Stängel Salbei
- 2 Zweige Rosmarin
- 2 Zweige Oregano
- 1 Knoblauchzehe
- 1 EL Olivenöl
- Salz, Pfeffer

Zubereitung

1 Die Kartoffeln waschen, schälen und in Viertel schneiden. Reichlich Wasser zum Kochen bringen, die Kartoffeln hineingeben und 2–3 Minuten köcheln lassen. Kartoffeln in ein Drahtsieb abgießen und kräftig schütteln.

2 Backofen auf 250 °C (Umluft) vorheizen. Ein Backblech mit Backpapier belegen.

3 Salbei, Rosmarin und Oregano waschen und trocknen. Die Nadeln bzw. Blättchen von den Stielen zupfen und grob zerkleinern. Die Knoblauchzehe schälen und in feine Würfel schneiden. Olivenöl mit den zerkleinerten Kräutern, Knoblauchwürfeln, Salz und Pfeffer vermengen.

4 Die Kartoffelviertel im Kräuteröl wenden, auf dem Backblech verteilen und im heißen Ofen 25–30 Minuten backen. Am Ende der Backzeit ca. 2 Minuten auf Grillfunktion umschalten – dabei aufpassen, dass die Kartoffeln nicht verbrennen.

TIPP Das Geheimnis dieser Knusprigen Kartoffeln ist: Durch das Vorgaren und das Durchrütteln im Drahtsieb vergrößert sich die Oberfläche der Kartoffelviertel.

KARTOFFEL-KOHLRABI-GRATIN

Knusprig und würzig

Zubereitungszeit: 20 Minuten
Garzeit: 35 Minuten

Eine Portion enthält

336 kcal / 1405 kJ, 16 g Eiweiß, 10 g Fett, 44 g Kohlenhydrate, 8 g Ballaststoffe, 81 mg Harnsäure

Zutaten für 2 Portionen

- 500 g Kartoffeln
- 1 kleiner Kohlrabi
- 1 kleine Zwiebel
- 1 TL Rapsöl
- 1 TL Vollkornmehl
- 100 ml Gemüsebrühe
- 50 ml Milch, 1,5 % Fett
- Salz, Pfeffer
- frisch geriebene Muskatnuss
- 1 Stück Gouda, 40 % Fett i. Tr. (ca. 50 g)

Zubereitung

1 Die Kartoffeln und den Kohlrabi waschen, schälen und in ca. 1,5 cm dicke Scheiben schneiden. Die Zwiebel schälen und fein würfeln.

2 Den Backofen auf 200 °C (Ober-/Unterhitze) vorheizen.

3 Das Öl in einem kleinen Topf erhitzen. Die Zwiebel darin glasig andünsten. Das Mehl daraufstäuben und kurz mitbraten, etwas Gemüsebrühe zugießen und mit dem Schneebesen kräftig umrühren. Nach und nach die gesamte Brühe und die Milch zugießen. Kräftig weiterrühren, damit keine Klümpchen entstehen. Soße einmal kräftig aufkochen lassen, dann mit Salz, Pfeffer und Muskatnuss würzen.

4 Kartoffel- und Kohlrabischeiben dachziegelartig in eine Auflaufform schichten. Mit der Soße begießen. Den Käse grob raspeln und über das Gratin streuen. Das Ganze ca. 30 Minuten im heißen Ofen überbacken.

5 Am Ende der Garzeit mit einem spitzen Messer in die Kartoffeln stechen. Wenn sie weich sind, ist das Gratin fertig. Wenn nicht, das Gratin noch einige Minuten im Ofen lassen.

SEMMELKNÖDEL

Lecker mit Pilzsoße

Zubereitungszeit: 15 Minuten
Ruhezeit: 20 Minuten
Garzeit: 20 Minuten

Eine Portion enthält

411 kcal / 1718 kJ, 18 g Eiweiß,
17 g Fett, 45 g Kohlenhydrate,
3 g Ballaststoffe, 52 mg Harnsäure

Zutaten für 2 Portionen

- 2–3 Brötchen vom Vortag (ca. 150 g)
- 1 Zwiebel
- 1 EL Rapsöl
- 200 ml Milch, 1,5 % Fett
- 2 Stängel Petersilie
- 2 kleine Eier
- Salz, Pfeffer, Muskat

Zubereitung

1 Die Brötchen in Würfel schneiden und in eine Schüssel geben. Die Zwiebel schälen und in feine Würfel schneiden. Das Öl erhitzen, die Zwiebelwürfel darin glasig andünsten. Die Milch erhitzen und zusammen mit den Zwiebelwürfeln über die Brötchenwürfel geben. Die Brötchenmasse in der Schüssel 20 Minuten ruhen lassen.

2 Die Petersilie waschen, trocknen, Blättchen abzupfen und fein hacken. Petersilie mit den Eiern, Salz, Pfeffer und Muskat zur Brötchenmasse geben. Alles mit den Händen gut vermengen.

3 In einem großen Topf Salzwasser zum Kochen bringen. Mit feuchten Händen Knödel aus der Brötchenmasse formen und in das siedende Wasser legen. Hitze herunterschalten und die Klöße 15–20 Minuten leicht simmernd garen, bis sie an der Oberfläche schwimmen.

TIPP Die Knödel passen perfekt zur Champignonsoße von Seite 132.

ZUCCHINI-KARTOFFEL-PÜREE

Köstlich mit erntefrischen Zucchini

Zubereitung

1 Die Zucchini waschen, putzen und in grobe Stücke schneiden. Die Kartoffeln waschen, schälen und in Würfel schneiden. Kartoffel- und Zucchinistücke in einen Topf geben und knapp mit Wasser bedecken. Zum Kochen bringen und das Gemüse ca. 20 Minuten köcheln lassen.

2 Den Zitronenthymian waschen, Blättchen abzupfen.

3 Am Ende der Garzeit das Wasser abgießen. Die Milch erhitzen. 100 ml heiße Milch und Butter zu den Kartoffel-Zucchini-Würfeln geben, salzen und mit Muskatnuss würzen. Mit dem Handrührgerät verrühren und nach und nach noch so viel Milch zugeben, bis das Püree schön cremig ist. Zum Schluss die Thymianblättchen über das Püree streuen.

TIPP Da Zucchini ein wasserreiches Gemüse sind, sollten Sie die Milch nach und nach hinzugeben. So verhindern Sie, dass das Püree zu flüssig wird.

Zubereitungszeit: 10 Minuten
Garzeit: 20 Minuten

Eine Portion enthält

247 kcal / 1032 kJ, 8 g Eiweiß, 9 g Fett, 33 g Kohlenhydrate, 6 g Ballaststoffe, 57 mg Harnsäure

Zutaten für 2 Portionen

- 2 kleine Zucchini (ca. 300 g)
- 4 mittelgroße mehligkochende Kartoffeln
- 2 Zweige Zitronenthymian
- ca. 150 ml Milch, 1,5 % Fett
- 1 EL Butter
- Salz
- frisch geriebene Muskatnuss

SPAGHETTINESTER

Hingucker auf dem Teller

Zubereitungszeit: 15 Minuten
Garzeit: 15 Minuten

Eine Portion enthält

420 kcal / 1756 kJ, 25 g Eiweiß, 18 g Fett, 39 g Kohlenhydrate, 7 g Ballaststoffe, 68 mg Harnsäure

Zutaten für 2 Portionen

- Olivenöl zum Einfetten
- 120 g Vollkornspaghetti
- Salz
- 1 Knoblauchzehe
- 30 g Pecorino
- 3 Eier
- 1 ½ EL Tomatenmark
- Salz, Pfeffer
- 1 TL getrocknete italienische Kräuter

Zubereitung

1 Den Backofen auf 200 °C (Ober-/Unterhitze) vorheizen. Sechs Mulden einer Muffinform mit Öl einfetten.

2 Die Spaghetti in reichlich kochendem Salzwasser bissfest garen und abgießen.

3 Inzwischen die Knoblauchzehe schälen und in feine Würfel schneiden. Den Pecorino fein reiben. Die Eier in eine kleine Schüssel aufschlagen. Tomatenmark, Salz, Pfeffer und Kräuter zugeben und mit der Gabel kräftig verquirlen. Knoblauchwürfel und geriebenen Pecorino untermengen.

4 Die gekochten Spaghetti zu Nestern drehen und in die geölten Mulden der Muffinform legen. Die Eimasse gleichmäßig darüber verteilen und die Nester im heißen Backofen ca. 15 Minuten garen.

DJUVEC-REIS

Kroatien lässt grüßen

Zubereitungszeit: 15 Minuten
Garzeit: 20 Minuten

Eine Portion enthält

294 kcal / 1229 kJ, 6 g Eiweiß,
9 g Fett, 47 g Kohlenhydrate,
5 g Ballaststoffe, 70 mg Harnsäure

Zutaten für 2 Portionen

1 kleine Zwiebel
1 Knoblauchzehe
1 EL Olivenöl
100 g Reis
100 ml Tomatensaft
1 Lorbeerblatt
Salz, Pfeffer, Paprikapulver (edelsüß)
1 gelbe Paprikaschote
1 grüne Paprikaschote
2 EL Ajvar (aus dem Glas)

Zubereitung

1 Die Zwiebel und die Knoblauchzehe schälen und in kleine Würfel schneiden.

2 Das Öl in einem mittleren Topf erhitzen. Zwiebel- und Knoblauchwürfel darin glasig andünsten. Den Reis zugeben und kurz mitdünsten, dann mit Tomatensaft und 200 ml Wasser ablöschen. Lorbeerblatt zufügen, mit Salz, Pfeffer und Paprikapulver würzen und den Reis ca. 20 Minuten köcheln lassen.

3 Die Paprikaschoten waschen, halbieren, putzen und in ca. 2 cm große Würfel schneiden. Die Paprikawürfel 10 Minuten vor Ende der Garzeit zum Reis geben.

4 Zum Schluss das Lorbeerblatt herausnehmen, Ajvar unter den Reis rühren und noch einmal abschmecken.

ROTE POLENTA

Cremig und lecker

streng purinarm

Zubereitung

1 Die Knoblauchzehe schälen und fein hacken.

2 Die Milch mit 150 ml Wasser aufkochen. Die Polenta mit dem Schneebesen einrühren. Knoblauchwürfel und Tomatenmark zugeben und unterrühren. Die Polenta ca. 20 Minuten bei niedriger Hitze köcheln lassen, ab und zu umrühren, damit nichts anbrennt.

3 Den Parmesan fein reiben und am Ende der Garzeit unter die Polenta mischen. Mit Salz und Pfeffer abschmecken und servieren.

VARIATION Sehr lecker schmeckt die Polenta auch gebraten. Hierzu gießen Sie die fertige Polenta auf ein großes Brett und lassen die Masse erkalten. Die Polenta lässt sich wunderbar in Rauten schneiden und in wenig Öl knusprig backen.

Zubereitungszeit: 5 Minuten
Garzeit: 20 Minuten

Eine Portion enthält

336 kcal / 1406 kJ, 14 g Eiweiß, 7 g Fett, 54 g Kohlenhydrate, 3 g Ballaststoffe, 32 mg Harnsäure

Zutaten für 2 Portionen

1 Knoblauchzehe
300 ml Milch, 1,5 % Fett
120 g Polenta
1 geh. EL Tomatenmark
20 g Parmesan
Salz, Pfeffer

Zubereitungszeit: 10 Minuten
Garzeit: 30 Minuten

Eine Portion enthält

179 kcal / 747 kJ, 6 g Eiweiß,
12 g Fett, 11 g Kohlenhydrate,
5 g Ballaststoffe, 18 mg Harnsäure

Zutaten für 2 Portionen

- ½ Hokkaidokürbis (ca. 500 g)
- 1 ½ EL Olivenöl
- Salz, Pfeffer, Currypulver
- 30 g Feta
- 1 Handvoll mediterrane Kräuter

OFENKÜRBIS

Macht sich im Ofen wie von selbst

streng purinarm

Zubereitung

1 Den Backofen auf 220 °C (Ober-/Unterhitze) vorheizen. Ein Backblech mit Backpapier auslegen.

2 Den Kürbis waschen, Kerne und faserige Teile entfernen, das Kürbisfleisch in schmale Spalten schneiden. Das Öl mit Salz, Pfeffer und Curry mischen.

3 Den Feta in kleine Stücke bröckeln. Die Kräuter waschen und kleinzupfen.

4 Die Kürbisspalten auf dem Blech verteilen und mit Gewürzöl beträufeln. Die Kräuter darübergeben. Im heißen Ofen ca. 30 Minuten garen.

5 Etwa 10 Minuten vor Ende der Garzeit den Feta über die Kürbisspalten streuen und mitbacken lassen.

VARIATIONEN Wenn Sie statt des Fetas geriebenen Parmesan über die Kürbisspalten geben, bekommt der Ofenkürbis eine italienische Note.
Mit einer fein gewürfelten Knoblauchzehe verleihen Sie dem Öl einen extrawürzigen Geschmack.

OFENMANGOLD

Schön zitronig

Zubereitungszeit: 10 Minuten
Garzeit: 20 Minuten

Eine Portion enthält

99 kcal / 414 kJ, 4 g Eiweiß, 9 g Fett, 2 g Kohlenhydrate, 5 g Ballaststoffe, 115 mg Harnsäure

Zutaten für 2 Portionen

450–500 g Mangold
½ EL Zitronensaft
1 EL Olivenöl
Salz, Pfeffer

Zubereitung

1 Den Backofen auf 200 °C (Ober-/Unterhitze) vorheizen. Ein Backblech mit Backpapier auslegen.

2 Den Mangold putzen, gründlich unter fließendem kaltem Wasser waschen, gut abtropfen lassen und in mundgerechte Stücke schneiden.

3 In einer Schüssel aus Zitronensaft, dem Olivenöl, Salz und Pfeffer eine Marinade herstellen. Mangoldstücke zugeben und alles gründlich vermengen.

4 Die marinierten Mangoldstücke auf dem Backblech verteilen und im heißen Ofen ca. 20 Minuten garen.

VARIATION Anstelle des Mangolds können Sie auch frischen Blattspinat verwenden.

HERBSTLICHES RISOTTO

Mit Kürbis und knusprigen Zwiebeln

Zubereitungszeit: 20 Minuten
Garzeit: 25 Minuten

Eine Portion enthält
580 kcal / 2424 kJ, 19 g Eiweiß, 22 g Fett, 74 g Kohlenhydrate, 5 g Ballaststoffe, 150 mg Harnsäure

Zutaten für 2 Portionen

700 ml Gemüsebrühe
1 Knoblauchzehe
1 kleiner Butternutkürbis (ca. 450 g)
2 EL Olivenöl
150 g Risottoreis, z. B. Arborio
Salz, Pfeffer
2 rote Zwiebeln
30 g Parmesan

Zubereitung

1 Die Gemüsebrühe erhitzen und warmhalten.

2 Die Knoblauchzehe schälen und in feine Würfel schneiden. Den Kürbis waschen, halbieren, Kerne und faserige Teile mit einem Löffel herausnehmen. Kürbis schälen und in ca. 1,5 cm große Würfel schneiden.

3 1 EL Öl sanft erhitzen und die Knoblauch- und Kürbiswürfel darin andünsten. Den Reis zugeben und einige Minuten unter Rühren mitdünsten. Etwas heiße Gemüsebrühe angießen, salzen und pfeffern. Den Reis 20–25 Minuten garen, dabei häufig rühren und nach und nach die restliche Brühe angießen, bis der Reis die gesamte Brühe aufgesogen hat.

4 Die Zwiebeln schälen und in schmale Scheiben schneiden. 1 EL Öl in einer beschichteten Pfanne erhitzen. Die Zwiebeln darin unter Rühren knusprig anbraten.

5 Den Parmesan fein reiben und am Ende der Garzeit unter das Risotto mischen. Noch einmal mit Salz und Pfeffer abschmecken. Das Risotto mit den gebratenen Zwiebeln garniert servieren.

TIPP Werfen Sie die Kürbiskerne nicht weg! Sie lassen sich leicht zu einer köstlichen Knabberei verarbeiten (siehe Geröstete Kürbiskerne, Seite 70).

SPITZKOHL MIT PFIFF

Mit Chili und Knoblauch

streng purinarm

Zubereitung

1 Den Strunk des Spitzkohls herausschneiden, grobe Blattrispen entfernen und die Blätter in Streifen schneiden. Spitzkohlstreifen waschen und gut abtropfen lassen.

2 Die Chilischote waschen, halbieren, putzen und in schmale Streifen schneiden. Die Knoblauchzehe schälen und fein würfeln.

3 Das Öl erhitzen. Kohlstreifen, Chilistücke und Knoblauchwürfel darin anbraten. Den Zucker zugeben und karamellisieren lassen. Das Ganze mit der Gemüsebrühe ablöschen und ein paar Minuten einköcheln lassen. Den Spitzkohl mit Salz und Pfeffer würzen.

VARIATION Kombinieren Sie das Spitzkohlgericht mit geraspelten Karotten- und Zucchinistreifen. Streuen Sie einige gesalzene Cashewnüsse darüber und genießen Sie dazu duftigen Basmati- oder Jasminreis.

Zubereitungszeit: 20 Minuten

Eine Portion enthält
125 kcal / 523 kJ, 3 g Eiweiß,
8 g Fett, 9 g Kohlenhydrate,
5 g Ballaststoffe, 35 mg Harnsäure

Zutaten für 2 Portionen

½ kleiner Spitzkohl
1 rote Chilischote
1 Knoblauchzehe
1 EL Sojaöl
1 TL brauner Zucker
50 ml Gemüsebrühe
Salz, Pfeffer

BALSAMICO-CHAMPIGNONS

Würzige Beilage

Zubereitungszeit: 10 Minuten
Garzeit: 10 Minuten

Eine Portion enthält

125 kcal / 523 kJ, 6 g Eiweiß, 8 g Fett, 6 g Kohlenhydrate, 5 g Ballaststoffe, 122 mg Harnsäure

Zutaten für 2 Portionen

- 400 g braune und weiße Champignons
- 1 kleine Zwiebel
- 1 EL Rapsöl
- 1 TL brauner Zucker
- 3 EL Balsamicoessig
- Salz, Pfeffer
- 1 Stängel Petersilie

Zubereitung

1 Die Champignons mit einem Küchenkrepp säubern. Stielansatz abschneiden und die Pilze vierteln. Die Zwiebel schälen und in feine Würfel schneiden.

2 Das Öl in einer Pfanne erhitzen. Die Zwiebelwürfel darin glasig andünsten. Die Champignonstücke zugeben und mitbraten. Den Zucker über die Pilze streuen und kurz karamellisieren lassen. Mit Essig und 2 EL Wasser ablöschen und 3 Minuten köcheln lassen. Pilze mit Salz und Pfeffer würzen.

3 Petersilie waschen, trocknen, Blättchen abzupfen und fein hacken. Über die Pilze streuen und servieren.

HINWEIS Pilzgerichte können heutzutage problemlos aufgewärmt werden. Denn durch die Aufbewahrung in modernen Kühlschränken wird der ungesunde Zersetzungsprozess von Sauerstoff und Bakterien vermieden.

MEDITERRANES OFENGEMÜSE

Geht schnell, schmeckt herrlich

streng purinarm

Zubereitungszeit: 15 Minuten
Garzeit: 20 Minuten

Eine Portion enthält

140 kcal / 585 kJ, 5 g Eiweiß,
9 g Fett, 10 g Kohlenhydrate,
8 g Ballaststoffe, 39 mg Harnsäure

Zutaten für 2 Portionen

1 kleine Fenchelknolle
1 rote Paprikaschote
3 reife Tomaten
1 rote Zwiebel
einige Salbeiblätter
1 Zweig Rosmarin
1 Knoblauchzehe
1 EL Olivenöl
Salz, Pfeffer

Zubereitung

1 Den Backofen auf 200 °C (Ober-/Unterhitze) vorheizen. Ein Backblech mit Backpapier auslegen.

2 Paprikaschote und Tomaten waschen, putzen und in mundgerechte Stücke schneiden. Die Zwiebel schälen und in Stücke schneiden.

3 Die Kräuter waschen, trocknen, Rosmarinnadeln abzupfen. Nadeln und Salbeiblätter mit dem Wiegemesser fein zerkleinern. Die Knoblauchzehe schälen und in feine Würfel schneiden. Geschnittene Kräuter und Knoblauch mit Olivenöl, Salz und Pfeffer zu einer Marinade verrühren.

4 Das vorbereitete Gemüse auf das Backblech geben und mit der Marinade vermengen. Im heißen Ofen ca. 20 Minuten garen.

TIPP Wenn Sie die doppelte Menge des Ofengemüses zubereiten, können Sie die Reste am nächsten Tag für ein leckeres Sandwich verwenden.

GLASIERTE KAROTTEN

Fein mit einem Hauch Vanille

Zubereitung

1 Die Karotten waschen und putzen, dabei etwas vom Grün stehen lassen. Karotten schälen und dickere Exemplare der Länge nach halbieren. Den Dill waschen, trocknen und fein hacken.

2 Den Honig mit Butter bzw. Öl in einem Topf erhitzen. Die Karotten darin schwenken und mit der Gemüsebrühe ablöschen. Bei geringer Hitze ca. 10 Minuten in der Brühe garen, bis die Flüssigkeit verdampft ist.

3 Die Karotten mit Salz und Vanille würzen, mit Dill bestreuen und servieren.

TIPP Wichtig ist hier die Wahl der richtigen Karotte. Am besten schmecken junge Karotten am Bund. Sie können außerdem in kürzerer Zeit und ohne jegliches Vorkochen zubereitet werden.

Zubereitungszeit: 5 Minuten
Garzeit: 10 Minuten

Eine Portion enthält

222 kcal / 928 kJ, 3 g Eiweiß, 15 g Fett, 17 g Kohlenhydrate, 7 g Ballaststoffe, 41 mg Harnsäure

Zutaten für 2 Portionen

- 400 g junge Karotten mit Grün
- 1 Stängel Dill
- ½ EL flüssiger Honig
- 1 EL Butter oder Rapsöl
- 125 ml Gemüsebrühe
- Salz
- 1 Msp. gemahlene Vanille

ROSENKOHL AUS DER PFANNE

Knusprig gebraten, mit Mandelblättchen

Zubereitungszeit: 10 Minuten
Garzeit: 20 Minuten

Eine Portion enthält
130 kcal / 543 kJ, 8 g Eiweiß,
9 g Fett, 4 g Kohlenhydrate,
8 g Ballaststoffe, 113 mg Harnsäure

Zutaten für 2 Portionen

- 400 g Rosenkohl
- 1 EL Mandelblättchen
- ½ EL Rapsöl
- 1 TL Butter
- Salz, Pfeffer
- 1 Spritzer Zitronensaft

Zubereitung

1 Den Rosenkohl putzen und die Röschen halbieren. In Salzwasser 10 Minuten kochen, abgießen und gut abtropfen lassen.

2 Die Mandelblättchen in einer beschichteten Pfanne ohne Fett rösten, bis sie leicht bräunen. Sofort herausnehmen und abkühlen lassen.

3 Rapsöl und Butter in der Pfanne erhitzen. Die Rosenkohlhälften darin unter Wenden ca. 5 Minuten knusprig anbraten. Rosenkohl mit Salz, Pfeffer und Zitronensaft würzen. Mit den Mandelblättchen bestreut servieren.

CURRY-WIRSING

Pikant und leicht exotisch

Zubereitungszeit: 10 Minuten
Garzeit: 20 Minuten

Eine Portion enthält
279 kcal / 1166 kJ, 8 g Eiweiß,
19 g Fett, 19 g Kohlenhydrate,
6 g Ballaststoffe, 104 mg Harnsäure

Zutaten für 2 Portionen

- ½ Kopf Wirsing (ca. 500 g)
- 1 Stück Ingwer (ca. 15 g)
- 1 kleine rote Chilischote
- 1 EL Sojaöl
- ½ TL Currypulver, 1 Prise Zimt
- 1 Prise gemahlener Koriander
- 1 Prise Garam Marsala
- 1 Prise gemahlenes Zitronengras
- ½ EL brauner Zucker
- 1 EL Cashewkerne
- 1 EL Rosinen
- Salz
- 50 ml Kokosmilch

Zubereitung

1 Den Wirsing vom Strunk befreien, in schmale Streifen schneiden, waschen und gut abtropfen lassen. Ingwer schälen und in feine Streifen schneiden. Chilischote waschen, halbieren, putzen und ebenfalls in feine Streifen schneiden.

2 Das Öl in einem Topf erhitzen. Curry, Zimt, Koriander, Garam Masala und Zitronengras darin 2 Minuten anbraten. Den Zucker, die Cashewkerne und die Rosinen zugeben und 2 Minuten mitbraten. Wirsingstreifen zugeben, unterrühren, salzen und mit 150 ml Wasser ablöschen. Den Wirsing bei niedriger Temperatur zugedeckt ca. 15 Minuten köcheln lassen.

3 Die Kokosmilch zugeben und das Ganze noch 5 Minuten köcheln lassen. Mit Salz abschmecken.

KUCHEN UND DESSERTS

ORANGEAT

Braucht kaum Zutaten, nur etwas Geduld

streng purinarm

Zubereitungszeit: 10 Minuten
Garzeit: 3 Stunden

Eine Portion (20 g) enthält
62 kcal / 259 kJ, 0 g Eiweiß,
0 g Fett, 15 g Kohlenhydrate,
1 g Ballaststoffe, 5 mg Harnsäure

Zutaten für ca. 175 g

2 Bio-Orangen

100–150 g Zucker

Außerdem:

1 großes verschließbares Glas

TIPP Das selbst gemachte Orangeat eignet sich hervorragend zum Backen, z. B. für Lebkuchen (siehe Rezept Seite 200).
Aus unbehandelten Zitronenschalen können Sie auf die gleiche Weise Zitronat herstellen.

Zubereitung

1 Die Orangen schälen. Das Weiße der Orangenschalen entfernen, die Schalen in ca. 1,5 cm lange Streifen schneiden und in einen Topf geben. Wasser zugießen, zum Kochen bringen und die Schalen 5 Minuten sprudelnd kochen. Das Wasser abgießen, durch frisches ersetzen und die Schalen nochmals 5 Minuten kochen. Das Wasser abgießen.

2 Die Orangenschalen in einem Sieb abtropfen lassen und dann wiegen. Exakt die gleiche Menge Zucker nehmen, zusammen mit den Schalen und 50 ml Wasser erneut in den Topf geben. Alles bei niedriger Hitze 50–60 Minuten köcheln lassen. Falls die Flüssigkeit zu schnell verkocht, etwas Wasser nachgießen.

3 Am Ende der Garzeit die Schalen in ein Sieb geben. Den tropfenden Sirup auffangen und für andere Zwecke aufheben, z. B. für Desserts oder zum Kuchenbacken.

4 Ein Backblech mit Backpapier belegen, den Backofen auf 60 °C (Ober-/Unterhitze) vorheizen. Die Orangenschalen auf dem Blech verteilen und ca. 2 Stunden im warmen Ofen trocknen. Zwischendurch mehrmals wenden. Die Schalen nach dem Trocknen auskühlen lassen und in die Gläser füllen.

CHEESECAKE IM GLAS

Fruchtig mit Himbeeren

Zubereitungszeit: 15 Minuten
Kühlzeit: 40 Minuten

Eine Portion enthält

355 kcal / 1484 kJ, 17 g Eiweiß,
17 g Fett, 31 g Kohlenhydrate,
12 g Ballaststoffe, 46 mg Harnsäure

Zutaten für 2 Portionen

- 25 g Mandeln
- 25 g Haselnüsse
- ½ EL Butter
- 25 g Vollkornhaferflocken
- 1 EL Ahornsirup
- 125 g Magerquark
- 100 g Naturjoghurt, 1,5 % Fett
- 1 Schuss kohlensäurehaltiges Mineralwasser
- 1 TL Vanillezucker
- 250 g frische Himbeeren

Zubereitung

1 Mandeln und Haselnüsse mit einem Messer grob hacken. Die Butter in einer beschichteten Pfanne schmelzen lassen und die Nüsse darin anrösten. Haferflocken und Ahornsirup unter die Nüsse mischen und einige Minuten mitrösten lassen. Nussmischung aus der Pfanne nehmen, auf einer Platte verteilen und abkühlen lassen.

2 Quark, Joghurt und Mineralwasser mit dem Schneebesen glatt rühren. Die Quarkmasse mit Vanillezucker süßen. Die Himbeeren verlesen, vorsichtig in einem Sieb waschen und gut abtropfen lassen.

3 Zwei Dessertgläser mit der Nussmischung füllen, die Quark-Joghurt-Masse darauf verteilen. Die Gläser ca. 30 Minuten in den Kühlschrank stellen. Zum Schluss mit den Beeren garnieren.

STRACCIATELLAQUARK MIT ERDBEEREN

Ein fruchtig-knackiger Genuss

streng purinarm

Zubereitung

1 Quark und Milch mit dem Schneebesen zu einer Creme verrühren. Zucker, Vanille und Schokoraspel zugeben und unterrühren. Die Erdbeeren waschen, abtropfen lassen, putzen und in Scheiben schneiden.

2 Die Schoko-Quark-Creme auf zwei Dessertschalen verteilen. Mit den Erdbeerscheiben garnieren und servieren.

Zubereitungszeit: 15 Minuten

Eine Portion enthält
110 kcal / 460 kJ, 2 g Eiweiß,
6 g Fett, 11 g Kohlenhydrate,
3 g Ballaststoffe, 18 mg Harnsäure

Zutaten für 2 Portionen

250 g Magerquark
1 Schuss Milch, 1,5 % Fett
1 TL Zucker
1 Msp. gemahlene Vanille
2 EL Zartbitterschokoladenraspel
200 g Erdbeeren

PFIRSICH-JOGHURT-CREME

Frisch und leicht

streng purinarm

Zubereitung

1 Die Pfirsiche waschen, halbieren, die Steine entfernen und das Fruchtfleisch in kleine Würfel schneiden. Die Pfirsichwürfel mit Vanille und Orangensaft vermengen, zur Seite stellen.

2 Joghurt und Quark mit dem Schneebesen cremig rühren. Den Zucker in die Creme rühren. Die Pfirsichwürfel untermengen und die fertige Creme auf zwei Dessertgläser verteilen.

Zubereitungszeit: 15 Minuten

Eine Portion enthält
161 kcal / 673 kJ, 11 g Eiweiß,
2 g Fett, 23 g Kohlenhydrate,
3 g Ballaststoffe, 29 mg Harnsäure

Zutaten für 2 Portionen

3 reife Pfirsiche
1 Msp. gemahlene Vanille
3 EL Orangensaft
200 g Naturjoghurt, 1,5 % Fett
100 g Magerquark
1 TL Zucker

ERDBEER-BANANEN-EIS

Kommt ohne Zucker aus

streng purinarm

Zubereitungszeit: 5 Minuten
Gefrierzeit: 5 Stunden

Eine Portion enthält

112 kcal / 468 kJ, 2 g Eiweiß,
1 g Fett, 24 g Kohlenhydrate,
3 g Ballaststoffe, 31 mg Harnsäure

Zutaten für 2 Portionen

- 2 reife Bananen
- 50 g Erdbeeren
- 2 EL Naturjoghurt, 1,5 % Fett
- 1 Msp. gemahlene Vanille

Zubereitung

1 Die Bananen schälen und in ca. 2 cm dicke Scheiben schneiden. Die Erdbeeren waschen, putzen und ebenfalls in 2 cm dicke Scheiben schneiden. Die Obstscheiben auf einem großen Teller verteilen und mindestens 5 Stunden einfrieren.

2 Die gefrorenen Obststücke zusammen mit Joghurt und Vanille in ein hohes Gefäß geben. Mit dem Pürierstab cremig mixen und sofort genießen.

VARIANTE Experimentieren Sie mit Ihren Lieblingsobstsorten für Ihr persönliches Lieblingsfruchteis. Auch dem Einsatz verschiedener Gewürze sind keine Grenzen gesetzt: Probieren Sie Zimt, Lebkuchengewürz, gemahlenen Ingwer oder Tonkabohnen.

AMARETTINI

Wer die probiert, backt nur noch selbst

streng purinarm

Zubereitungszeit: 15 Minuten
Backzeit: 20 Minuten

Ein Amarettino (ca. 20 g) enthält

90 kcal / 376 kJ, 2 g Eiweiß,
6 g Fett, 8 g Kohlenhydrate,
1 g Ballaststoffe, 2 mg Harnsäure

Zutaten für 30 Stück

150 g Mandeln
125 g Pistazien
100 g Zucker
½ TL Salz
2 Eiweiße
1 ½ EL Mandelsirup
50 g Puderzucker

Zubereitung

1 Den Backofen auf 180 °C (Umluft) vorheizen. Ein Backblech mit Backpapier auslegen.

2 Mandeln und Pistazien mahlen und mit Zucker und Salz vermischen. Die Eiweiße schaumig schlagen.

3 Den Mandelsirup und den Eischaum unter die Mandelmischung rühren, bis ein leicht klebriger Teig entsteht. Aus der Masse walnussgroße Kugeln formen und in Puderzucker wälzen.

4 Die Amarettini auf das Backblech setzen. Im heißen Ofen 16–18 Minuten backen, bis die Unterseite leicht gebräunt ist.

TIPP Achten Sie darauf, dass Sie das Eiweiß nur schaumig, nicht steif schlagen.

LEBKUCHEN

Unbedingt probieren!

streng purinarm

Zubereitungszeit: 15 Minuten
Backzeit: 20 Minuten

Ein Lebkuchen enthält
127 kcal / 530 kJ, 3 g Eiweiß,
9 g Fett, 9 g Kohlenhydrate,
1 g Ballaststoffe, 7 mg Harnsäure

Zutaten für 40 Stück

75 g Zitronat
75 g Orangeat
50 g Zartbitterschokolade
4 Eier
100 g brauner Zucker
400 g gemahlene Haselnüsse oder Mandeln
2 EL Mandelsirup
Außerdem:
40 Backoblaten (5 cm Ø)

Zubereitung

1 Den Backofen auf 180 °C (Ober-/Unterhitze) vorheizen. Ein Backblech mit Backpapier auslegen.

2 Zitronat, Orangeat und Schokolade in der Küchenmaschine fein zerkleinern. Die Eier trennen. Die Eiweiße steif schlagen. Eigelbe mit dem Zucker schaumig rühren. Die gemahlenen Nüsse und den Mandelsirup mit der Eigelbmasse vermengen. Den Eischnee mit dem Schneebesen unterheben.

3 Die Oblaten auf das Backblech legen. Mithilfe von zwei Teelöffeln kleine Häufchen der Lebkuchenmasse auf die Oblaten setzen. Die Lebkuchen im heißen Ofen 15–20 Minuten backen.

TIPP Der Lebkuchenteig kommt besonders einfach mit einer Lebkuchenglocke© aufs Blech. Bezugsquelle: www.lebkuchenglocke.de.

APFELKUCHEN

Der Liebling meiner Kinder

streng purinarm

Zubereitung

1 Die Äpfel waschen, schälen, vom Kerngehäuse befreien und auf einer Küchenreibe grob raspeln.

2 Die Springform mit etwas Butter einfetten. Den Hartweizengrieß auf den Boden der Form streuen und gut verteilen. Den Backofen auf 180 °C (Ober-/Unterhitze) vorheizen.

3 Butter mit den Rührhaken des Handrührgerätes schaumig rühren. Zucker und Vanillezucker zugeben und weiterrühren, bis der Zucker nicht mehr knirscht. Nach und nach die Eier zugeben, pro Ei ca. 1 Minute rühren. Mehl, Backpulver und Zimt über die Masse sieben, die Apfelraspel zugeben und alles kurz verrühren.

4 Den Teig in die vorbereitete Form geben und etwas glatt streichen. Den Kuchen im Ofen ca. 1 Stunde backen.

5 Den fertigen Kuchen kurz abkühlen lassen, auf eine Platte stürzen und vollständig auskühlen lassen.

TIPP Um zu testen, ob der Kuchen gar ist, stechen Sie am Ende der Garzeit mit einem Holzstäbchen hinein. Bleibt noch Teig am Stäbchen hängen, lassen Sie den Kuchen für einige Minuten weiterbacken.

Zubereitungszeit: 25 Minuten
Backzeit: 1 Stunde

Ein Stück enthält

191 kcal / 797 kJ, 3 g Eiweiß, 12 g Fett, 19 g Kohlenhydrate, 1 g Ballaststoffe, 9 mg Harnsäure

Zutaten für 1 Springform (28 cm Ø) / 16 Stücke

- 3 große Äpfel
- 250 g Butter oder Diätmargarine
- 1 EL Hartweizengrieß
- 150 g Zucker
- 1 Pck. Vanillezucker
- 4 Eier
- 250 g Dinkelmehl Type 630
- ½ Pck. Backpulver
- 1 TL Zimt

APFELTARTE

Herbstliche Köstlichkeit

streng purinarm

Zubereitungszeit: 50 Minuten
Kühlzeit: 10 Stunden
Backzeit: 45 Minuten

Ein Stück enthält
108 kcal / 451 kJ, 3 g Eiweiß,
3 g Fett, 17 g Kohlenhydrate,
1 g Ballaststoffe, 10 mg Harnsäure

Zutaten für 1 Springform (28 cm Ø) / 16 Stücke

Für den Mürbteig:
220 g Dinkelmehl Type 630
70 g Puderzucker
1 Ei
20 g kalte Butter
80 g kalter Magerquark
1 Prise Salz
1 Msp. Vanille-Extrakt (siehe Rezept Seite 135)
Für die Obstfüllung:
500 g Äpfel
1 EL Zitronensaft
1 Pck. Vanillepuddingpulver
50 g Zucker
500 ml Apfelsaft
Für die Creme:
50 g Sahne
200 g Magerquark
½ TL Zimt
Außerdem:
2 EL getrocknete Hülsenfrüchte, z. B. Erbsen

Zubereitung

1 Aus Mehl, Zucker, Ei, Butter, Quark, Salz und Vanille-Extrakt einen Mürbteig kneten. 1 Stunde kühl stellen.

2 Die Springform gut fetten. Den Teig ausrollen und in die Form geben. 30 Minuten in die Gefriertruhe stellen.

3 Die Äpfel waschen, schälen und in Scheiben schneiden. Mit Zitronensaft beträufeln, mit etwas Wasser in einen Topf geben und ca. 5 Minuten köcheln lassen. Herausnehmen und zur Seite stellen.

4 Den Backofen auf 175 °C (Ober-/Unterhitze) vorheizen.

5 Den Teig in der Springform mit einem passend zugeschnittenen Backpapier bedecken und die getrockneten Hülsenfrüchte daraufstreuen. Den Mürbteig im heißen Ofen 14 Minuten vorbacken.

6 Inzwischen Puddingpulver und Zucker mit 6 EL Apfelsaft glatt rühren. Den restlichen Apfelsaft in einem Topf zum Kochen bringen. Das angerührte Puddingpulver mit einem Schneebesen in den kochenden Saft rühren. Den Saft 1 Minute sprudelnd kochen lassen. Die gedünsteten Apfelscheiben vorsichtig unter die Masse mischen.

7 Die Kuchenform aus dem Ofen nehmen, Hülsenfrüchte und Backpapier entfernen. Die Hitze auf 160 °C reduzieren.

8 Die Apfelfüllung auf den vorgebackenen Tarteboden verteilen. Die Tarte 30 Minuten auf der mittleren Schiene backen. Dann aus dem Ofen nehmen, abkühlen lassen und über Nacht in den Kühlschrank stellen.

9 Am nächsten Tag die Sahne steif schlagen. Quark und Zimt in eine Schüssel geben und kurz verrühren, dann die Sahne vorsichtig unterheben. Die Creme auf der abgekühlten Tarte verstreichen.

BIRNEN-CRUMBLE

Schneller Nachtisch

streng purinarm

Zubereitungszeit: 10 Minuten
Backzeit: 20 Minuten

Eine Portion enthält

410 kcal / 1714 kJ, 5 g Eiweiß,
18 g Fett, 59 g Kohlenhydrate,
5 g Ballaststoffe, 36 mg Harnsäure

Zutaten für 2 Portionen

- 40 g weiche Butter
- 75 g Dinkelmehl Type 630
- 30 g brauner Zucker
- ½ TL Zimt
- 1 Prise Salz
- 2 reife Birnen

Zubereitung

1 Den Backofen auf 180 °C (Ober-/Unterhitze) vorheizen. Eine feuerfeste Auflaufform mit ein wenig Butter einfetten.

2 Die restliche Butter in eine Schüssel geben. Mehl, Zucker, Zimt und Salz zugeben und das Ganze mit den Händen zu Streuseln verarbeiten.

3 Die Birnen waschen, entkernen und in ca. 2 cm große Würfel schneiden. Birnen in die Auflaufform geben und die Streusel darüber verteilen. Den Crumble im heißen Ofen ca. 20 Minuten backen.

VARIATION Crumble eignet sich hervorragend, um schrumpeliges Obst zu verarbeiten. Lecker sind auch Beerenfrüchte, Kirschen oder Rhabarber.
Variieren Sie bei dem Streuselbelag mit gehackten Nüssen, Marzipan, Kokosflocken, Schokoladensplittern und Gewürzen wie Zimt oder Lebkuchengewürz. Möchten Sie eine knusprige Karamellkruste, streuen Sie einen Teil der Zuckermenge vor dem Backen auf die Streusel.
Anstelle von Dinkelmehl gelingt der Crumble auch mit einem Teil Vollkornmehl.

KAROTTENKUCHEN

Der Kuchen mit Gemüsekick

streng purinarm

Zubereitungszeit: 25 Minuten
Backzeit: 40 Minuten
Kühlzeit: 2 Stunden

Ein Stück enthält
332 kcal / 1389 kJ, 6 g Eiweiß, 23 g Fett, 25 g Kohlenhydrate, 1 g Ballaststoffe, 9 mg Harnsäure

Zutaten für 1 Springform (28 cm Ø) / 16 Stücke

Für den Teig:

- 180 ml Sonnenblumenöl
- 150 g brauner Zucker
- 3 EL Naturjoghurt, 1,5 % Fett
- 3 Eier
- 1 TL Vanille-Extrakt (siehe Rezept Seite 135)
- 2 TL Zimt
- 1 Prise frisch geriebene Muskatnuss
- ½ TL Salz
- 250 g Dinkelmehl Type 630
- 1 TL Natron
- 250 g Karotten

Für das Frosting:

- 300 g Frischkäse, fettreduziert
- 120 g zimmerwarme Butter
- 50 g Puderzucker
- 1 TL Vanille-Extrakt oder das Mark einer Vanilleschote
- 2 Prisen Salz

Zubereitung

1 Die Springform dünn mit einigen Tropfen Sonnenblumenöl einfetten. Das übrige Öl, den Zucker, Joghurt, Eier, Vanille-Extrakt, Zimt, Muskatnuss und Salz in einer Schüssel verquirlen, bis eine homogene Masse entsteht. Mehl und Natron darübersieben und vorsichtig unterheben, bis sich die Zutaten gut verbunden haben.

2 Den Backofen auf 180 °C (Umluft) vorheizen.

3 Die Karotten waschen, putzen, fein raspeln und die Raspel unter den Teig mengen. Den Teig in die Form geben. Den Kuchen 35–40 Minuten im heißen Ofen backen.

4 In der Zwischenzeit den Frischkäse und die Butter mit dem Handrührgerät cremig aufschlagen. Puderzucker, Vanille und Salz zugeben und rühren, bis eine glatte Creme entsteht.

5 Den Kuchen aus dem Ofen nehmen, auskühlen lassen und mit dem Frosting bestreichen. Nochmals für 1 Stunde kühl stellen. Den Kuchen in Stücke schneiden und servieren.

TIPP Wer mag, dekoriert den Kuchen mit Marzipan-Rübli aus dem gut sortierten Supermarkt.

Bibliografische Information der Deutschen Nationalbibliothek
Die Deutsche Nationalbibliothek verzeichnet diese Publikation in der Deutschen Nationalbibliografie; detaillierte bibliografische Daten sind im Internet über http://dnb.ddb.de abrufbar.

ISBN 978-3-8426-3012-3 (Print)
ISBN 978-3-8426-3013-0 (PDF)
ISBN 978-3-8426-3014-7 (EPUB)

Fotos:
Titelmotiv: stock.adobe.com/PhotoScape
Christiane Weißenberger: 5
Stock.adobe.com: faithie: 12; Corinna Gissemann: 16, 17; agg: 18; Madeleine Steinbach: 21; nannycz: 22; fahrwasser: 23; VICUSCHKA: 26/27; nata_zhekova: 35; emmi: 39; epixproductions: 41; lilechka75: 45; Michael Tewes: 47; Kitty: 49; MissesJones: 51; 5ph: 55; almaje: 59; Brooke: 61; Anzhela: 63; lecic: 65, JackStock: 71;somegirl: 73; Yulia Furman: 75; vanilla: 77; A_Lein: 85; la_vanda: 91; Brent Hofacker: 93; nblxer: 99; miss_mafalda: 103; nerudol: 105; tenkende: 107; JoannaTkaczuk: 111; Kitty: 113; annapustynnikova: 117; Simone: 121; MissesJones: 125; viktoriya89: 129; Corinna Haselmayer: 131; Ксения Овчинникова: 133; nata_vkusidey: 139; A_Lein: 141; kasia2003: 143; kitchenkiss.de: 149; fudio: 153; okkijan2010: 157; timolina: 159; Yevgeniya Shal: 161; Ildi: 163; mizina: 169; Carey: 175; Iryna Melnyk: 179; geshas: 181; foodolia: 185; Yay Images: 189; HLPhoto: 191; romerince: 195; dream79: 199; marysckin: 207
123rf.com: David Pimborough: 53; Lilyana Vynogradova: 171
Ingo Wandmacher: 31, 67, 81, 87

Originalausgabe

Die Ratgebermarke der Schlüterschen Verlagsgesellschaft mbH & Co. KG
Hans-Böckler-Allee 7, 30173 Hannover
www.humboldt.de
www.schluetersche.de

Lektorat: Annette Gillich-Beltz, Essen
Covergestaltung: Die Feder, Konzeption vor dem Druck GmbH, Wetzlar
Layout und Satz: Die Feder, Konzeption vor dem Druck GmbH, Wetzlar
Druck und Bindung: Gutenberg Beuys Feindruckerei GmbH, Langenhagen